JN017972

大事なところで間違えない
「決める」ためのの
戦略的思考法

CLEAR THINKING

クリア・シンキング

著 シェーン・パリッシュ
訳 土方奈美

日経BP

CLEAR THINKING

by SHANE PARRISH

目次
contents

第3部　弱さをコントロールする

第4部　決断する――クリア・シンキングの実践

第5部 本当に大切なものを追い求める 274

はじめに

Preface

2001年8月、私は情報機関で働きはじめた。ほんの数週間後の9月11日、世界が一変した。

たちまち組織で働く者は一人残らず、身の丈を超える役割や責任を背負わざるを得なくなった。私もしばらく前まで誰もできるとは思わなかったような任務を、次々と実行する方法を考えることになった。先例のない、複雑な問題を解決しなければならないだけではない。そこには人の命が懸かっていた。失敗は許されなかった。

ある晩、午前3時に私は自宅に向かって歩いていた。一つの軍事作戦が終わったところだったが、結果は期待したようなものではなかった。翌朝には上司のところへ行って、何が起きたのか、自分がなぜあのような選択をしたのか説明しなければならない。

私はすべてをクリア（明晰）に思考しただろうか。何か見落としがあったのか。どうすればそれを確かめられるのか。

私の判断が俎上に載せられ、審判を受ける。

翌日、上司のオフィスに行き、自分が何をどのように検討したのか説明した。話し終えてから、自分にはこれだけの仕事、これほどの重責を担うだけの備えがまだできていないと訴えた。上司は手にしていたペンを置き、深く息を吸ってこう言った。「備えができている者などいないよ、シェーン。でも君と、このチームでやるしかないんだ」

あまり慰めにはならない返答だった。ここでいう「チーム」に所属する12人のメンバーは、もう何年も週80時間働きつづけていた。そして「やるしかない」のは、この情報機関でも数十年ぶりという重要なプログラムを新たに立ち上げることだ。短いミーティングを終えて部屋を出たときには、頭がくらくらしていた。

その晩、私は10年にわたって考え続けることになる問いと初めて向き合った。

どうすれば論理的な思考力を高められるのか。

なぜ人は誤った判断を下すのか。

同じ情報を与えられて、他の人より常に優れた結果を出せる人がいるのはなぜか。

人命にかかわる状況で、どうすれば正しい判断の確率を高め、不本意な結果になる確率を抑えられるのか。

それまでの職業人生において、私はかなり運に恵まれてきた。それが続くに越したことはないが、運に頼る部分を減らしたい。クリア・シンキング（明晰な思考）や優れた判断をするためのメソッドがあるのなら、なんとかモノにしたいと思った。

モノの考え方、意思決定の方法をきちんと教わったことがある人は少ないのではないか。学校には「クリア・シンキング入門」のような授業はない。世の中には、そんなものは知っていて当然、あるいは独学で身につけて当然という空気がある。だが実際にモノを考える方法、それもクリアに思考する方法を習得するのは驚くほど難しい。

それから数年というもの、私はより良い思考法を学ぶことに没頭した。ほかの人々がどのように情報を入手し、分析し、行動に移すか、その行動が好ましい結果をもたらすか否かを観察した。単に他の人より頭の良い人がいるということなのか、それとも優れた仕組み、あるいはノウハウがあるのか。本当に重要な場面で、思考の質など意識している人はいるのだろうか。どうすれば明らかなミスを避けることができるのか。

幹部陣の会議にもついていった。[*]黙って話に耳を傾け、彼らが何を、なぜ重要だと判断するのか理解しようとした。認知に関する文献を片っ端から読み漁り、電話で話を聞かせてくれる人には質問を浴びせた。

周囲が混乱しているときでも、常にクリアな思考ができるインテリジェンス界の達人たち[†]とも連絡をとった。彼らはふつうの人が知らない何かを知っているようで、何としてもそれを突き止めたかった。

凡人は「勝ち」を追い求めるが、一流の人々は「勝ち」よりもまず「負け」を回避しなければならないことをわかっていた。実はこれが意外なほど有効な戦略なのだ。

学んだことを記録するため、私は「ファーナム・ストリート」（fs.blog）というウェブサイトを匿名で立ち上げた。‡ 判断することを生業（なりわい）とし、私の世界の見方に多大な影響を与えたチャーリー・マンガーとウォーレン・バフェットに敬意を表したネーミングだ。§

この間、私にとってのヒーローであるチャーリー・マンガーやダニエル・カーネマンから思考や意思決定について話を聞けたこと、さらにはビル・アックマン、アニー・デューク、アダム・ロビンソン、ランドール・スタットマン、カット・コールら達人たちと話ができたのは幸運だった。こうした対話の多くはポッドキャスト「ザ・ナレッジ・プロジェクト」で公開している。一方、マンガーと過ごした時間など、公開できないものもある。ただ、これほど錚々（そうそう）た

＊ 正確に言えば、「ほぼ黙って」

† 情報機関で働いていると、開かないと思っていた扉が開くことも多い。

‡ 匿名にしたのは、CIAやFBIといったアルファベット三文字の組織は、職員がプロフィールを公開するのに難色を示す傾向があったからだ。最近は状況も変わった。人材採用がきわめて難しくなったためで、今では職員がプロフィールを公開することも認められるようになった。担当業務を曖昧にしつつ、リンクトインのプロフィールに所属する情報機関の名前を明記している職員も多い。ただ私がサイトを始めた当時、情報機関は存在しないことになっていた。建物に看板もなかった。身元を明かせるようになるのは、それから10年以上先のことだった。

§ バフェットがCEOを、マンガーが副会長を務める投資会社バークシャー・ハサウェイの本社はネブラスカ州オマハのファーナム・ストリートにある。

る顔ぶれと対話を重ねてきたものの、友人のピーター・D・カウフマンほど私の思考やアイデアに影響を与えた人物はいない。

何千という対話から一つ、決定的な気づきが得られた。

望みどおりの結果を得るために、私たちがやるべきことは二つある。まずモノを考え、感じ、行動するときに論理的思考の入り込むスペース（余地）をつくらなければならない。次にそのスペースをクリアな思考のために意識して使わなければならない。このスキルを習得すれば、圧倒的強みになる。

クリア・シンキングによって意思決定をしていると、徐々にあなたの立場は強くなっていく。成功はその積み重ねからしか生まれない。

本書はクリア・シンキングをマスターするための実践的ガイドだ。

前半のテーマはクリア・シンキングのためのスペースをつくる方法だ。最初にクリア・シンキングを阻む敵を挙げていく。私たちが「思考」だと思っているものの多くが、実は合理性とは無縁の、人間という種を保存するために進化した生物的本能から生まれる「反応」に過ぎないことがわかるだろう。合理的思考抜きにただ反応すると、自分の立場が弱くなり、選択肢は次第に乏しくなっていく。生物的トリガーへの反応をパターン化してしまえば、クリアに思考するスペースが生まれ、立場は強くなっていく。続いて、プレッシャーのかかる場面でも常にスペースを生み出せるように、弱みをコントロールし、強みを強化するためのさまざまな実用的かつ実践可能な方法を見ていく。

後半のテーマはクリア・シンキングを実践する方法だ。強みを強化し、弱みを制御できるようになったら、その結果何かを考えてから行動するまでの間にひと呼吸おけるようになったら、クリア・シンキングを優れた決定につなげられるようになる。第4部では問題解決に非常に有効な実践的ツールを紹介する。

デフォルト（素）の状態が自分にとってマイナスではなくプラスに働くようにコントロールし、合理的思考能力というツールを最大限に生かせるようになったら、最後に最も重要な問いと向き合う。「そもそもあなたは何を目指すのか」だ。どれほど遂行力が優れていても、それが正しい結果をもたらさなければ何の意味もない。では目指す価値のある目標をどう見きわめるのか。

本書では効果的な思考法を、類書とは違ったかたちで紹介する。しゃれた専門用語やエクセルシート、フローチャートなどは使わない。私が他の人から学び、あるいは自力で発見し、そのうえでさまざまな組織、文化、業界で何千人という人々に試してもらった実用的スキルに絞って見ていく。

行動科学と私たちをとりまく現実の分断を埋め、ともにありふれた瞬間から圧倒的成果を生み出していこう。

本書の教えはシンプルで、実用的で、普遍的だ。土台となっているのは私が他の人々から学んだ知恵と、それらを自ら実践するなかで得た経験である。こうした教訓や知恵を、私は情報機関でより優れた決定を下すうえで、その後は複数の事業を立ち上げて成長させるうえで、さらには意外かもしれないがより良い親になるために生かしてきた。どのように生かすかはみなさん次第だ。

私の人生にキャッチフレーズがあるとすれば「他の誰かがすでに導き出した最高の成果をマスターする」であり、本書はその信念を地で行くものだ。個々の知見の出所はできるかぎり明記するようにしたものの、おそらく抜けもあるだろう。それについてはお詫びしたい。学んだことを実践すると、それは自分の一部となる。

20年にわたって世界一流の方々と何千という対話を重ね、数えきれないほどの本をむさぼるように読んできた今となっては、一つひとつの知識をどこで得たかを思い出すのは容易ではない。大部分はすでに私の無意識に組み込まれている。本書に何か有益な情報があるとすれば私以外の誰かが生み出したものであり、私の主な貢献は先達から学んだことをモザイクのようにまとめて世に送り出したことと言って間違いないだろう。

序章

日常のクリア・シンキングが未来を決める

The Power of Clear Thinking in Ordinary Moments

ありふれた瞬間に起きることが、私たちの未来を左右する。

大きな決断に集中しなさい、とよく言われる。何かを選択をしていることすら気づかないようなささやかな場面より、そちらのほうが重要だ、と。だが往々にして私たちの成功を左右するのは、大きな決断よりもこうしたありふれた瞬間のほうだ。なかなかピンと来ないかもしれないが。

大きな決断さえ誤らなければ、すべては魔法のようにうまくいくと思っている人は多い。結婚相手を正しく選べばすべてうまくいく。正しいキャリアを選べば幸せになれる。投資先を正しく選べば金持ちになれる、と。こうした考えが完全に間違っているとは言わないが、世界一すばらしい相手と結婚しても、いてくれるのが当たり前だと思ってしまうとうまくいかなくなる。すばらしい仕事に就けても、一生懸命働かなければチャンスは巡ってこない。完璧な投資商品を見つけても、銀行口座が空っぽでは投資もできない。大きな決断を完璧にこなしても、望むような結果が手に入る保証はないのだ。

ありふれた瞬間に向き合うとき、私たちはそれを決断とは思わない。同僚の発言に反応としようとしたとき、「おまえは火に油を注ごうとしているのか、それとも水をかけようとしているのか」と問いただしてくれる人はいない。自らの行動は状況を悪化させるだけだと気づけば、もちろん思いとどまる。一時の感情で、10年かけて培った人間関係をぶち壊そうとする人はいないだろう。だが実際にはそんな行動をとってしまうことが多い。

クリア・シンキングの敵は、人間の原始的な本能だ。本能は状況をわからなくし、厄介事を増やす。会議で同僚の発言に感情的に反応すれば、あとから詫びを入れなければならない。決断する際に、最善の結果を出すことよりも自分が正しいと証明することを優先すれば、結局後始末に奔走することになる。金曜日にパートナーとケンカを始めれば週末が台無しになる。それではエネルギーを消耗し、ストレスがたまり、いつも時間に追われているような気になるのも当然だ。

ありふれた瞬間では、たいてい状況が思考を支配する。そのときはそうと気づかない。こうした瞬間は取るに足らないものに思えるからだ。だがこれが何日、何週間、何カ月と続いていくと、こうした瞬間の積み重ねによって目標を達成しやすくなったり、逆に困難になったりする。

一つひとつの瞬間によって私たちのポジション（立場）は良くも悪くもなり、未来への対処しやすさが変わってくる。最終的に人生が生きやすく、あるいは生きにくくなるかを決めるのは、このポジションだ。自尊心がでしゃばって、誰かに自分のほうが上だと思い知らせようとすると、将来厄介なことになる。職場で同僚に受動攻撃的な態度をとれば、関係は悪くなる。こうした瞬間はそのときはたいして重要に思えなくても、積み重なって現在の私たちのポジションを形づくっている。そして現在のポジションが未来を決定づける。

ポジションが良ければ、その場の状況によって判断を迫られることなく、クリアにモノを考えられる。**一流の人々が常に優れた判断をできるのは、待ったなしの状況で判断を迫られることがまずないからだ。**

他の人より良いポジションに立てれば、他の人より優秀である必要はない。ポジションが良ければ誰だって天才に見えるし、ポジションが悪ければどれだけ優秀な人でもマヌケに見える。判断力を高める最善の策は、良いポジションで判断できるようにすることだ。バランスシートに現金があり、負債が少ない会社には良い選択肢しかない。景気が悪くなると（景気は必ず循環する）、こうした会社の選択肢は「良い」から「最高」になる。一方、現金がなく負債の多い会社には悪い選択肢しかない。「悪い」が「最悪」に変化するのもあっという間だ。もちろん、この例が当てはまるのは会社経営だけではない。

時間は正しいポジションをとった者に味方し、ポジションの悪い者の敵になる。ポジションが良ければ、勝利への道筋はいくつもある。一方、ポジションが悪ければ道は一つしかないかもしれない。「テトリス」をプレイするときに似ている。上手なプレーヤーの場合、次に落ちてくるピースをどこに置くか、いくつもの選択肢がある。下手なプレーヤーは正しいピースが落ちてこないとどうにもならない。

ありふれた瞬間によってポジションが決まり、ポジションによって選択肢が決まることを理解していない人は多い。クリア・シンキングは正しいポジション取りのカギとなり、それによって状況に振り回されるのではなく、状況をコントロールできるようになる。

あなたが今、どんなポジションにあるかは重要ではない。重要なのは、今のポジションを改善していくかどうかだ。

一つひとつのありふれた瞬間は、未来を生きやすくする、あるいは困難にする機会だ。すべてはあなたがクリアに思考できるかどうかにかかっている。

第１部

クリア・シンキングの敵

The Enemies of Clear Thinking

あなたの無意識はあなた自身よりも
賢く、速く、強力であることを
決して忘れてはならない。
あなたをコントロールするかもしれない。
その秘密をすべて理解することは不可能だ

—— コーデリア・ファイン著
『脳は意外とおバカである』より

最初に聞こえてきたのは怒鳴り声だった。ふつう、ＣＥＯの執務室の近くでそんなものを耳にするとは思わない。だがこのＣＥＯはふつうではなかった。

私は執務室に入ると、テーブルにブリーフケースを置き、ＣＥＯの真向かいに座った。ＣＥＯは私の存在など気にも留めなかった。何カ月も彼の下で働いてきたので、その反応は想定内だったが、やはり不安になった。CEOの目や耳に触れるものは、すべて彼の右腕である私を通すことになっていた。この電話はCEOの予定に含まれていなかったものだ。

会話の相手が誰であれ、CEOは怒りで真っ赤になっていた。こんなときに深呼吸をするよう合図を送るなどして会話を中断させてはならないことは、すでに痛い目に遭って学んでいた。そんなことをすれば、怒りの矛先が私に向かうだけだ。

受話器を置いたCEOと目が合った。この一瞬で何かを言わなければ、予定外の電話を取らせたと言って怒鳴りはじめるだろう。

「いったい何が起きたのですか」と私は尋ねた。

「分をわきまえろと言ったんだ」とCEOは言った。

電話の相手が誰かはわからなかったが、CEOの怒りぶりを見て、彼をよく知らない人だろうと思った。このCEOの下で働いている人なら、彼を怒らせるようなことは何も言わないほうが得策だと知っているからだ。たとえば悪い知らせや彼と衝突しそうな意見。そしてCEOが状況を悪化させているのを止めようと合図を送るのもダメだ。

ほどなくしてCEOが執務室で電話を受けることはなくなった。このありふれた瞬間で、すべてが変わってしまったのだ。このときの電話の相手は、組織に深刻な影響を与えかねない問題をなんとかＣＥＯに伝えようとしていたことがのちに明らかになった。だが懸念を伝えたのに激怒されたため、取締役会に話を持っていった。まもなくＣＥＯは解任された。

行動に問題があったからクビになったと言いたい気もするが、その見方は正しくないだろう。ＣＥＯが解任されたのは、自尊心が邪魔をして電話相手の伝えようとしていた情報にきちんと対処できなかったためだ。あのときクリアな思考ができていたら、今でもＣＥＯの座にあったかもしれない。*

＊関係者のプライバシーを保護するため、このエピソードの細部には修正を加えたが、大筋は変わっていない。

第1章 誤った思考あるいは思考停止

Thinking Badly— or Not Thinking at All?

合理性を持ち合わせていても、「使うべきタイミング」を知らなければ意味がない。

思考力を高める方法を尋ねると、合理的思考に役立つさまざまなツールを挙げる人が多い。書店に行けば、私たちの合理的思考力が足りないのが問題だという前提の本がずらりと並ぶ。こうした本には、より良い判断を下すためのステップやツールが載っている。今こそ思考するべきタイミングだという自覚があるなら、どれも有益なノウハウかもしれない。

私が人々の行動を観察していて気づいたのは、冒頭のエピソードの怒ったCEOのように、状況に思考を支配されていることに気づいていないケースが多いことだ。

考えるべきタイミングに直面していると気づかないため、衝動に主導権を譲り渡してしまう。私たちが刺激を受けてから反応するまでの間に、起こりうるパターンは二つある。意識的にひと呼吸おき、状況を合理的に考えてみるか。あるいはコントロールを放棄して、ヒトとしてデフォルト設定された行動に身を委ねるか。厄介なのは、デフォルト行動はたいてい状況を悪化させることだ。

誰かに失礼な態度をとられると、怒りに任せて言い返す。

自分の発言を遮(さえぎ)られると、相手に悪意があるのだと思い込む。

物事が期待していたほど速く進展しないと、いらだち、短気を起こす。

誰かに嫌味な態度をとられると、挑発に乗って事態をエスカレートさせる。

こんなふうに状況に反応するとき、私たちは脳が生物的本能に乗っ取られていること、それが望んでいるのとは逆の結果を招くことを理解していない。自分が優位に立つために情報を抱え込み、チームに悪影響を及ぼしていることに気づかない。自分の頭で考えるべきときに、集団の考えに迎合していることに気づかない。感情的になって、後々問題を引き起こすような反応を引き起こしていることに気づかない。

だからより良い成果を出すための最初のステップは、「今は判断しなければならないときだ」と認識し、ひと呼吸おいてクリアに思考するためのスペースを生み出す訓練を積むことだ。この訓練には相当な時間と労力が必要になる。人類が何世紀にもわたって進化させてきた本能的なデフォルト設定を解除しなければならないからだ。それでも、ありふれた瞬間をコントロールするのは可能であり、未来が生きやすくなる。それはあなたが成功し、長期目標を達成するのに不可欠なことだ。

自制心を失えば高すぎる代償を払う

合理的思考をせずにただ状況に反応すれば、あらゆる状況は悪化する。

私がこれまで数えきれないほど目の当たりにしてきた、よくあるシナリオを考えてみよう。

会議であなたの率いるプロジェクトを同僚がバカにした。あなたは咄嗟（とっさ）に相手とその仕事を貶（おとし）めるようなことを口にする。言い返すことを意識的に選択したわけではなく、ただ状況に反応したのだ。我に返っても後の祭りだ。同僚との人間関係が悪化するだけでなく、ミーティングも本題からそれてしまった。

後始末には膨大なエネルギーがかかる。同僚との関係を修復しなければならない。脱線した会議は仕切り直しだ。他の出席者とも個別に会って、誤解を解いたほうが良いかもしれない。そこまでしても、あなたのポジションは以前より悪くなっている。あのときの状況を目撃した人、彼らから話を聞いた人は、無意識のうちにあなたの信頼を損なうシグナルを受け取ったかもしれない。信頼を取り戻すには何カ月にもわたってまっとうなふるまいを続ける必要がある。

何気なく犯したミスを修正するのに膨大な時間とエネルギーを割くことは、あなたが望む成果の妨げとなる。抱え込んだ問題を解決するより、目標達成に多くのエネルギーを注ぎ込むほうが大きな強みとなる。クリア・シンキングを身につけた人はそうではない人と比べて、全体的な労力のうち望む結果の実現に費やせる部分が多くなる。

ただ、デフォルト状態をコントロールできなければ、クリアに思考することなど望むべくもない。

生物的本能

生物的本能ほど強力なものはない。たいてい私たちはそうと気づかないうちに本能に支配されている。本能をコントロールできなければ、その影響を受けやすくなる。

なぜ自分は置かれた状況で一番やってはいけないことをしてしまうのだろう、と悩んでいるなら、それはあなたの頭が悪いからじゃない。脳は生物的にプログラムされたとおりに動いているだけだ。脅威に直面したら、考えることに貴重な時間を費やすのではなく、迅速かつ無駄なく行動すべし、と。

誰かが家に押し入ってきたら、本能的に子どもの前に立ちふさがるだろう。誰かがおっかない顔で近づいてきたら緊張する。仕事を失うかもしれないと思ったら、無意識のうちに同僚と情報を共有するのをやめるかもしれない。動物的直感が「この仕事のやり方を自分しか知らなければクビにされないだろう」と告げるのだ。理性ではなく生物的本能が、どう行動すべきか指示を出す。

無分別な反応によって状況を悪化させてしまうと、頭の中の声が非難しはじめる。「いったい何を考えていたんだよ、このバカ!」 何も考えていなかった、というのがその答えだ。動物らしく状況に反応したのだ。その場を仕切っていたのは知性ではない。生物的本能だ。

生物的習性は私たちの中にしっかり組み込まれている。[*] こうした習性は、先史時代の祖先には大いに役立ったが、現代に生きる私たちには邪魔になることが多い。時代を超越するこうした人間行動は、アリストテレスやストア派の哲学者やダニエル・カーネマン、ジョナサン・ハイトといった科学者などが説明し、議論を重ねてきた。[1]

たとえばあらゆる動物がそうであるように、**人間にも自らのテリトリー（縄張り）を守ろうとする習性がある。**[2] 守っているのはアフリカのサバンナの一角ではないが、テリトリーには物理的なものだけではなく、心理的なものもある。たとえばアイデンティティもテリトリーの一つだ。誰かに自分の仕事、社会的立場、あるいは自己認識を批判されると、本能的にシャットダウンしたり、身を守ろうとしたりする。自分の考えを否定されると、相手の話に耳を傾けるのをやめ、攻撃に出る。そこに思考はない。純粋な動物的本能だけだ。

世界を序列化しようとする習性もある。 その目的は世界で起きていることを理解するため、自らの信念を守るため、そして総じて良い気分になりたいためだ。だから自分の立場を脅かそうとする者、自分の常識を覆そうとする者が現れると、後先考えずに反応する。高速道路でほかの車に割り込まれてカッとなるのは、「私の前に割り込むなんて何者だ？」という無意識の叫びだ。内なる序列意識に逆らう者に反応しているのだ。道路上ではみな対等で、同じルール

＊ このテーマについて何度も対話を重ね、貴重な気づきを与えてくれたピーター・カウフマンに感謝したい。

に従って行動するべきだ。割り込みはルール違反で、それを許せば相手の立場が上だと認めることになる。* あるいは子どもとの言い争いにイライラして「私の言うことが聞けないの!?」と怒鳴る（職場なら「上司の言うことが聞けないのか!」）場面を思い浮かべてもいい。こういうとき私たちは、思考を停止し、序列を守ろうとする動物的習性に身を委ねているのだ。

自己保存の習性もある。ふつうの人は自らの目的を達成するために、意図的に誰かを蹴落とすようなことはしない。† ここで重要なのが「意図的に」という言葉だ。というのも意図には思考が含まれているからだ。何も考えずにトリガーに反応するとき、まず主導権をとるのは自己防衛本能だ。会社でリストラが始まると、常識人であるはずの社員たちが自分の雇用を守ろうと、たちまち互いを蹴落とそうとするようになる。もちろん意図的に同僚にダメージを与えようとするわけではないが、「あいつらか自分か」という状況になると、あらゆる手を尽くして残留リストのトップになろうとする。それが生物的本能だ。

生物的本能は意識的な思考プロセスをすっ飛ばし、反射的反応を引き起こす。そもそもそれが生物的本能の役割なのだ。

意識的な思考プロセスには、時間とエネルギーが必要だ。進化が「刺激→反応」というショートカットを助長したのは、集団にとってメリットがあったからだ。集団は強靭になり、存続や繁殖も後押しする。人間が集団生活によって発展するのにともない、序列が形成され、混沌から秩序が生まれ、それぞれのあるべき場所が定まっていった。縄張りは人間同士が争いを避けるための手段だ。「そっちがこちらの縄張りに踏み込まなければ、こちらもそっちの縄張りは侵さない」と。自己防衛の習性とは、ルール、規範、慣習よりも自らの生存を優先させることを意味する。

問題は集団から個へ、「気の遠くなる歳月にわたる進化」から「目の前の決断」へと優先順位が変わったときに起こる。**現代社会では基本的な生存能力が問題になることはまずない。かつての人間には役立った習性が、今では私たちを身動き取れなくしたり、ポジションを弱くしたり、事態を必要以上に厄介にしたりする。**

人間の「初期設定(デフォルト)」を知る

ひとくちに生物的本能といってもたくさんあるが、私の見るところ、人類の最も際立った特徴であり、最も危険なものは四つある。この四つの行動は脳のデフォルト反応、いわば工場出荷時の初期設定が表れたものだ。[3] 自然淘汰の結果として私たちのＤＮＡに深く刻み込まれた行動プログラムであり、トリガーが発動したときにひと呼吸おいて思考する時間を確保しなけ

＊ この例を最初に教えてくれたのはジム・ローンだという確信があるのだが、具体的な参考文献を見つけることができない。

† もちろんテイラー・スウィフトの曲『Better Than Revenge』のモデルになった人物は例外だが。

れば、脳は自動的にこれを実行する。さまざまな呼称があるが、本書では「感情デフォルト」「エゴデフォルト」「社会性デフォルト」「惰性デフォルト」と呼ぶことにしよう。

それぞれの基本原理は次のとおりだ。

1 感情デフォルト反応 根拠や事実よりも感情に反応する。

2 エゴデフォルト反応 自尊心あるいは集団の序列で自らの立場を脅かすものに反応する。

3 社会性デフォルト反応 所属する大きな社会集団の規範に従おうとする。

4 惰性デフォルト反応 習慣化し、安心を求める。変化には抵抗し、なじみのある考えや手順や環境を好む。

四つのデフォルト反応の違いははっきりしたものではなく、混じりあっていることも多い。それぞれ単独でも意図せざるミスを引き起こす力があるが、組み合わさると事態は一気に「悪い」から「最悪」に変化する。

デフォルト反応をコントロールできる人は、実社会ですばらしい成果を発揮できる。怒りの感情や自尊心がないわけではないが、そうしたものに振り回されるのではなく、コントロールする術（すべ）を心得ているのだ。 目の前のありふれた瞬間にクリアな思考をする能力があるために、未来の自らのポジションを着実に改善していくことができる。

次章から、この四つのデフォルト反応がどのような行動として表れるのか、さらにあなた自身の日々の生活のなかでそれに気づく方法を見ていく。デフォルトを意識することで、自分の過去の行動にどんな意味があったかがはっきり見えてくるだけでなく、周囲の人々がデフォルト状態に陥っているときにそれに気づくようになる。

第2章

感情デフォルト反応とは
怒りや不安が衝動を生む

The Emotion Default

『ゴッドファーザー』は私の大好きな映画だ。その魅力の一つに、仕事に役立つ知恵がふんだんに含まれていることがある。マフィアのコルレオーネ・ファミリーの当主であるヴィトー・コルレオーネは、忍耐力と自制心のかたまりだ。本能的なデフォルト反応をしっかりコントロールし、よく考えずに行動することがない。そしてひとたび行動を起こせば、容赦なく目的を遂げる。

長男のサンティーノ（ソニー）はヴィトーの後継者だ。だが父親と違って衝動的でカッとなりやすく、相手にやり返そうとする。すぐに激高して反射的に行動し、考えるのは後回しだ。意図せざる過ちを重ねるため、常に難しい状況に置かれる。

ソニーは「感情デフォルト」に支配されているが、本人はそれに気づかない。あるときには義理の弟カルロ・リッツィを公衆の面前で殴りつけ、のちに意図せざる結果を招くことになる。

またあるときにはライバルのマフィアが、手を組んでドラッグの商売をしようとヴィトーに持ちかけてくる。ヴィトーは断るが、考えなしに行動するソニーは飛びつき、父の立場を悪くする。会合が終わると、ヴィトーは息子に説いてきかせる。「ファミリー以外の者に二度とおまえの考えを話すな」

とはいえ時すでに遅し、覆水盆に返らずだ。ドラッグ商人はヴィトーさえ排除すればソニーは取引に乗ってくると考える。ソニーの無分別な発言をきっかけにヴィトーは暗殺されかけ、重傷を負う。

ヴィトーが入院し、ソニーはファミリーの当主代行となる。衝動的な性格ゆえに、ソニーは他のマフィアと全面戦争に乗り出す。一方、部下の目の前でソニーに殴られたカルロ・リッツィはその恨みを忘れず、ライバルマフィアとソニー殺害を企む。カルロはソニーを煽って無分別な行動を誘い、その結果ソニーはジョーンズ・ビーチ・コーズウェイで惨殺される。

ソニーのカッとなりやすい性格は最終的に身の破滅につながるが、同じ憂き目に遭う人は多い。考えなしに行動すると、後から考えれば明らかな失敗を犯しやすくなる。感情的に反応するときには、自分がよく考えるべき状況にあると気づいてさえいないことが多い。その場の状況しか見えなくなると、どれほどすばらしい思考法を身につけていても役に立たない。

感情から行動へ

誰のなかにも多少ソニーらしきところはある。怒りや恐れといった感情を経験すると、即座に行動を起こさなければならないような気持ちになる。だがこういう場面で、勢いで取った行動がプラスに働くことはまずない。

ライバルへの怒りから自分にとって最善の選択をできなくなる。チャンスを逃すのではないかという不安からよく考えずに衝動的行動に出る。批判されたことでカッとなって言い返し、味方になってくれたかもしれない人々までドン引きさせる——。挙げていけば切りがない。

感情はあなたが積み上げてきたすべてをゼロにすることもある。どれだけ真剣に考え、努力してきたことであっても、たった一瞬で無に帰すこともある。誰もこのリスクを免れることはできない。

たとえばライフル射撃の天才として圧倒的強さを誇り、オリンピックに出場したマシュー・エモンズだ。オリンピックで二つめの金メダルに王手をかけたとき、感情デフォルト反応が悪さをした。ファイナルラウンドでエモンズは標的に狙いを定め、発射した。見事命中。ただ一つ問題があった。誤った標的を撃ったのだ。正しい標的であったら金メダルを獲得していたところだったが、得点はゼロとなり8位に終わった。

エモンズはのちに、ふだんはスコープで標的の上に書かれた数字を確認し、正しい的であることを確認してからライフルの位置を下げて標的を狙っていたと語った。それがこのときは大事な最初のステップを省いてしまった。

「あの弾を撃つときは『落ち着かなくては』という思いでいっぱいで、標的の上の数字を見ることすらしなかった」[1]。その結果、感情デフォルト反応に撃ち抜かれた。

エモンズのオリンピックでの失敗は手痛いものだったが、それでも私の同僚の身に起きた悲劇と比べれば霞んでしまう。ここでは仮にスティーブと呼ぶことにしよう。会食で政治の話題が出ると、スティーブが決まって黙り込んでしまうことに私は気づいた。そこで二人きりになったとき理由を聞いてみた。

そのときスティーブの語った話を、私は忘れないだろう。

ある晩、両親がスティーブの家に夕食をとりに来た。政治や税金の話題が出て、議論が白熱した。スティーブはつい感情的になり、思ってもいないことを口走った。なかったことにできない言葉、何も考えずに反応したときしか出てこないような言葉を。

スティーブが両親と話したのはそれが最後になった。実家に向かっていた両親の車が飲酒運転の車と正面衝突したのだ。二人ともそのまま亡くなった。その晩のことが今でもスティーブの心に重くのしかかっているという。決して忘れることのできない、永遠に後悔しつづける、ありふれた瞬間の記憶だ。

感情はクリア・シンキングを妨げ、どれほど優れた人をも愚者にしてしまう。しかもたいてい援軍がいる。のちほど見ていくが、人間には感情デフォルトの影響を受けやすくするようなさまざまな生物的弱点が備わっている。睡眠不足、空腹、疲労、感情、注意散漫、時間的プレッシャーから生じるストレス、不慣れな環境などだ。このような状態にあるときには用心したほうがいい。感情デフォルト状態に陥っている可能性が高いからだ。本書では、こうした状況で身を守るための安全策も見ていく。

第3章 エゴデフォルト反応とは 自尊心に振り回される

The Ego Default

再び『ゴッドファーザー』に話を戻そう。登場人物のカルロ・リッツィは「エゴデフォルト」という別のデフォルト反応を体現している。

カルロはヴィトーの娘、コニーと結婚してコルレオーネ・ファミリーの一員となる。アウトサイダーであるためファミリーという社会における序列は比較的低い。プライドも自尊心も高いカルロは、ファミリーの仕事でちっぽけな役割しかもらえないことに不満を強めていく。この不満から許されざる行為に手を染めることになる。

人生でこういうことはよくある。エゴデフォルトはどんな代償を払ってでもセルフイメージを高めろ、守れとそそのかしてくる。

カルロの場合、ファミリー内での地位の低さを思い知らされたことが、セルフイメージを守りたいという欲望（「オレはもっと大きな仕事ができるのに、やつらが任せてくれないんだ」）と相まって究極の裏切りに走る。コルレオーネ・ファミリーを内部から崩壊させようという意図があったわけではない。自分にふさわしい役割を手に入れたかっただけだ。格下に扱われることで日々蓄積していく鬱憤（うっぷん）が、自らも意図していなかった連鎖反応を引き起こした。

「成功者に見えること」と「成功者であること」の違い

自信にもいろいろな種類がある。深い知識を実践するなかで生まれてくる自信もあれば、記事を読んだだけなのに生まれる薄っぺらな自信もある。労せずして手に入れた知識が、自尊心の働きによって過剰な自信に転じることがあまりに多いのには驚かされる。

生半可な知識は危険だ。私の息子はこれを身をもって学んだ。宿題をフランス語で書くのが面倒だと思った息子は、英語で書いてインターネットの自動翻訳にかけた。「なんでこんなに早く宿題が終わったの？」と私が尋ねると、「簡単だったから」とだけ答えた。当然ながらフランス語の教師は息子が何をしたか気づき、0点をつけた。

自尊心のせいで、私たちは自分を過剰評価しがちだ。放置すれば自信は自信過剰や傲慢さに変化するかもしれない。インターネットでちょっとした知識を聞きかじっただけで、あっという間に何かをわかったような気になる。すべてが簡単に思えてくる。その結果、自分が何をしているかもわからないままにリスクをとる。望む成果を手に入れたいと思うなら、労せずして手に入れた自信には気をつけなければならない。

しばらく前にホームレス問題に関する講演会を聴きに行ったところ、隣に座っていた出席者がこの深刻で複雑な問題について「簡単に解決できるはずだ」とコメントした。薄っぺらい理解にもとづく根拠のない自信に満たされ、単純な問題だと思い込んだのだ。だが苦労して得た知識にもとづく本物の能力がある人たちは、およそ単純な問題とは思っていなかった。ホームレスをとりまく厳しい実態をよくわかっていたからだ。

労せず手に入れた知識は、拙速な判断を招く。必要なことはわかった気になり、確率が低いことは起こらないと自分に言い聞かせ、最善のシナリオだけを考える。新たな（そして誤った）自信があるため、他の人には起こるかもしれない問題も自分には起こらないと思う。[1]

自信があるからといって、悪い結果が起こる確率が低くなるわけでも、良い結果が出る確率が高くなるわけではない。単にリスクが見えなくなるだけだ。さらに自尊心は知識や能力を高めることより、社会的序列のなかでの自分のポジションを維持あるいは改善することに目を向けさせる。

職場で部下に権限移譲するのが苦手な人が多い理由の一つは、いちいちおうかがいを立てられると自分が重要で、なくならない人間に思えるからだ。頼られることで、必要とされるだけでなく権力があるような気になる。頼ってくる人が多いほど、権力があるように感じる。しかし、このようなポジションは自滅につながることが多い。ゆっくりと、そしてある日突然に自ら生み出した状況によって身動きが取れなくなってしまうのだ。同じ場所にとどまるためにさらなる努力が必要になり、バカ力も限界に達する。*破綻するのは時間の問題だ。

他人にすごいと思われたい人は、自分を操る手の内を周囲に教えているようなものだ。**人は自分が実際にどれほどすばらしい人間であるかより、すばらしい人間に見えるかどうかを気にしがちだ。**セルフイメージ（あるいは他人からこう見られたいというイメージ）を脅かされると、即座に自尊心が発動し、後先考えずに行動する。カルロ・リッツィは架空の人物だが、実在する人物にも同じような話はたくさんある。

たとえばアメリカ独立戦争のさなかの１７８０年9月、ウエストポイント砦で指揮を執っていたベネディクト・アーノルド将軍は、イギリスのスパイと密会した。そして2万ポンドのカネとイギリス軍の司令官の地位と引き換えに、砦の引き渡しを約束した。

いったいどのような事情があれば母国を裏切る気になるのか。アーノルドの動機はカルロ・リッツィと同じだった。自分の社会的立場に対してずっと抱いていた不満である。

アーノルドは軍の将校として成功を収めていたが、周囲からはあまり好かれていなかった。嫉妬深く、議会が自分よりも若く、能力の低い将校を先に出世させると文句ばかり言っていた。他人からバカにされると（あるいはバカにされたと思うと）すぐに言い返した。そして自分とは意見の異なる人々を侮辱することで自らの優位を示そうとする傾向があり、ひそかにアーノルドに敵意を抱く者も多かった。

それでもなんとか大陸軍総司令官であったジョージ・ワシントンの信頼を得て、フィラデルフィアの軍政府長官に任命された。ちょうどそのころ、アーノルドはフィラデルフィアの裕福な一族の娘、ペギー・シッペンに求婚をしていた。

シッペン一族はイギリス支持派で、自分たちと同じような富裕層としか付き合おうとしなかった。だがアーノルドは金持ちではなかった。少年だったころに、アルコール依存症の父親が身上を潰してしまったからだ。以来、アーノルドは一家の社会的立場の回復に努めてきた。

フィラデルフィアの裕福なエリート層から尊敬を得ようと、豪勢なパーティを催すなど贅沢な暮らしをした。シッペン家には自らの財力の証として、ペギーとの結婚前に莫大な結納金を支払うと約束し、さらに借金をして邸宅を購入した。ようやくペギーとの結婚を果たしたときには、巨額の借金を抱えていた。借金返済のために邸宅を貸し出さなければならなかったため、新婚夫婦は邸宅に住むことすらできなかった。

アーノルドの暮らしぶりに注目した敵は多かった。その一人がペンシルバニア州最高執行委員会会長で腹黒いジョセフ・リードだ。リードはアーノルドに対して根拠薄弱な告発を行った。アーノルドに恥をかかせることだけを狙ったたくらみと思われたが、フタを開けてみるとアーノルドが軍政府長官として私腹を肥やしていたことが明らかになった。最終的にアーノルドは軍法会議にかけられた。ジョージ・ワシントン司令官が与えたのはごく軽い罰だったが、アーノルドは裏切られたと感じた。

それからほどなくしてアーノルドは母国を裏切ることになる。

＊ブレント・ベショアから学んだ表現だ。

アーノルドはプライドを傷つけられた。他の人々に自分の価値や重要性を見せつけたかった。高い自己評価に見合うような評価を、他人からも受けたかった。だが他人に評価されないと、思慮分別をかなぐり捨てて歴史に悪名を残すことになった。

　同じような状況を経験したことのない人などいるだろうか。周囲の誰かが、あなたが期待するほどあなたを評価してくれない。あなたがどれほど優れた識見の持ち主かわからないのかもしれない。あなたがどれだけ相手に尽くしているのか、気づかないのだろうか。個人として、あるいは職業人としての自尊心をどうしても満たしたくて、思考停止に陥り、パーティで誰かといちゃついたり、ライバル企業にすり寄ったりと正気なら絶対にしないようなまねをする。私がよく目にしたのは、職場で正当に評価されていないと感じて、仕事に全力で取り組まなくなる人だ。* 自尊心が無意識を支配下におき、長期的な志を打ち捨てて破滅へとまっしぐらに進んでいく。

　アーノルドがあれほど自尊心に振り回されず、衝動的な行動を控えて理性を働かせていたら、自らの政治目標を遂げ、家族を幸福にするためには、もっと慎ましく暮らすべきだと気づいたかもしれない。

「正しさ」よりも「気持ちよさ」

気持ちよくなりたいという欲望は、正しくありたいという欲望を凌駕（りょうが）する。

エゴデフォルトの影響下にある人は、正しさを犠牲にして気分のよさを味わおうとする。とはいえ正しいことより気持ちよいことはなかなかない。だから私たちは無意識のうちに自分の価値観に合うように世界の秩序を組み換え、気分よくいられるようにする。

私が最初にこれを経験したのは食料品店でアルバイトをしていた16歳のときだ。スタッフにいつもひどい態度をとるお客がいた。高級車で乗りつけては駐車してはいけない場所に停め、必要なものを買うために駆け込んでくる。レジが並んでいると大声で早くしろと怒鳴り、失礼な物言いをする。仲間内では「ミスター・ロレックス」と呼んでいた。

ある日、このお客は私のレジに並び、こう言い放った。「とっととやれよ。このロレックスを付けている人間がヒマだと思うな」

私がなんと答えたかは割愛するが、そのせいで仕事をクビになったとだけ書いておこう。とはいえこの経験には意味があった。世の中には無意識的にカネと地位によって序列を決める人間がいることを学んだからだ。ミスター・ロレックスはこの採点方式によって自分が常にトップになるようにしていた。

あの晩家に帰る道々、「仕事は失ったけれど、少なくとも僕はアイツとは違う」と考えていた。そうすることで私は、高級車も高級腕時計も持っていない失業したばかりの高校生がトッ

＊ こうした行動は以前から見られたが、新型コロナウイルス・パンデミックのさなかに「静かな退職（quiet quitting）」という呼び名がついた。

プに立てるように世界の序列を組み替えたのだ。無意識のうちに、自分がミスター・ロレックスより上に立てる世界を構築し、自分は良いことをした気分になっていた。

ミスター・ロレックスも私も、あの日エゴデフォルトに陥っていた。

たいていの人は自分が正しいと思いながら日々生きている。そして自分とは意見の合わない人は間違っていると考える。[2]「こうあってほしい」世界を現実と誤認する。分野が何であるかは関係ない。政治、他の人々、自分の記憶など、なんでもいい。自分にとってのあるべき世界を現実世界と誤認するのだ。

当然ながら、常に正しい人などいない。誰だって間違いは犯すし、記憶違いもある。それでも常に自分が正しいと「感じたい」し、できれば他の人にも同調してもらいたい。だからこそ他人（あるいは自分）に自分が正しいと証明することに法外なエネルギーを割くのだ。そんなときは結果がどうなるかより、自尊心を守ることばかりに意識が集中する。

本書の後段ではエゴデフォルトに抗う方法を詳しく見ていく。ここでは自分の中でエゴデフォルトが頭をもたげたとき、そうと気づく方法を知っておこう。自分が他人にどう見えるかばかり気にしている、プライドを傷つけられたと感じることが多い、あるテーマの記事を一、二本読んだだけでエキスパートになった気でいる、**いつも自分の間違いを認めるのが苦手だ、「わからない」と言えない、他人を羨ましいと思ってばかりいる、自分は正当に評価されたためしがないと感じている――当てはまる人は要注意だ。**あなたは自尊心に振り回されている。

第4章 社会性デフォルト反応とは同調圧力に流される

The Social Default

全員が同じ考えのときは、
誰もよく考えていないということだ。

――ウォルター・リップマン著『The Stakes of Diplomacy』

何年も前にある会議で、とにかく不愉快で気の滅入るような講演を聴いた。終わると、周囲の聴衆が拍手をしはじめた。迷ったが、しぶしぶ私もそれに倣った。拍手をしないのは気まずかったからだ。*

社会性デフォルト反応は私たちに同調行動を促す。他の人々がそうしているからというだけの理由で、特定の思想や行動に従わせる。**社会性デフォルトは「社会的圧力」の表れだ。集団**

に帰属したい、部外者になりたくない、軽蔑されたくない、がっかりされたくない、という思いだ。

集団に適合したいという欲望は歴史の産物だ。まとまりが高いことは集団の利益にかなう。そして個人の利益にもかなう。部族内で生き残るのも困難ではあったが、部族外に追われたら生存は不可能だった。集団を必要としていたからこそ、個人の利益は集団の利益より後回しになった。今日の社会は原始の頃とは大きく異なるが、私たちは今でも他人のふりを見て自らの行動を決めようとする。

集団に従うことによる社会的報酬は、集団に歯向かうことによるメリットよりもずっと早く受け取れる。人の真価を測る物差しの一つは、世間の常識に逆らってでも正しいことをするかどうかだ。ただ誰でも自分が集団から逸脱する気概は過大評価しやすく、適応しようとする生物的本能は過小評価しがちだ。

社会性デフォルトは思考、価値観、成果を他者に丸投げするよう働きかけてくる。他のみんなが一定の行動をしているとき、それに従うことを正当化するのはたやすい。悪目立ちする必要も、結果に責任を負ったり、自分で考えたりする必要もない。脳を自動操縦モードにして昼寝でもすればいい。

社会性デフォルト反応は善人シグナルを発信させる。自分の表向きの信念を周囲に受け入れてもらおう、褒めてもらおうとする行為だ。そうしたシグナルが代償を伴わない場合ならなおさらだ。

プリンストン大学教授のロバート・ジョージはこう書いている。「私は学生にときどきこう尋ねる。あなたが奴隷制度廃止前の米国南部に生きる白人だったら、奴隷制度についてどんな立場をとるか、と。すると全員が『奴隷制廃止論者になる』と答える。勇気をもって奴隷制反対を唱え、ひたすら制度廃止のために努力する、と」[1]。

いやいや、努力なんてするはずがない。奴隷制廃止運動をしても安全な今日なら、そういうシグナルを送ろうとするのも当然だ。しかしその時代に生きていたら、きっと他の人々と同じ行動をとっただろう[2]。

レミングは歴史に名を刻まない

ほとんどの人は社会資本を失う恐怖のほうが社会規範を逸脱するメリットを上回り、規範を受け入れる[3]。

恐怖は、リスクをとって自分の可能性に挑戦する妨げとなる。

＊人類史を通じて世の指導者たちは、拍手というシンプルな行為を利用あるいは悪用してきた。サクラと呼ばれるプロの拍手屋が劇場やオペラハウスに配置されることも多い。遅くともローマ帝国のネロ皇帝の時代にはサクラがおり、ネロの演説には何千人という兵士が拍手を送った。ほんのひと握りの人が拍手を始めると、私たちの社会性デフォルトが発動し、講演会の時の私のように理由もなく拍手をし始める。

みんなと同じことだけやっていよう、という志を抱いて大人になる者はいない。しかし同じ考えの人々、同じふるまいをする人々に囲まれていると安心感がある。群衆の知恵が生きる場面もあるが、集団でいることの安心感を自分の行動が正しい証だと誤認するのは、社会性デフォルトの大嘘に騙されているのだ。

他の人々とまったく同じ仕事をしながらより大きな成果を出すには、誰よりも懸命に働くしかない。大勢の労働者が素手で水路を掘っているとしよう。一時間あたりに掘る土の量を少し増やしても、違いはほとんどわからない。周囲より多くの土を掘るには、長い時間働くしかない。このパラダイムの下では、シャベルを発明するために一週間仕事を休む労働者は愚かに思える。リスクをとるのが愚かなだけでなく、休んだ分だけ仕事の成果も少なくなる。シャベルができて初めて、周囲はそのメリットに気づく。成功するには恥を捨てなければならない。失敗も同じだ。他人とは違うことをすると成果が落ちるかもしれないが、それまでの常識を一変させる可能性もある。

まわりと同じことをしていれば、まわりと同じ結果しか出ない。*ベストプラクティスは必ずしもベストな方法ではない。当然だが、ベストプラクティスに従えば人並みにしかなれない。まだ仕事の理解が不十分で自分なりの判断ができない段階なら、おそらく周囲のやり方に倣(なら)うべきだろう。だが人並み以上の成果を出したいなら、クリアに思考しなければならない。そしてクリアに思考するとは、自分の頭で考えるということだ。ときには社会性デフォルトを断ち切り、周囲と違うやり方をとらなければならない。念のため警告しておくが、居心地の悪い思いをすることになる。

周囲に同調したいという欲求は、周囲より優れた結果を出したいという欲求を上回ることが多い。新しい試みをする代わりに、自分に新しい考えを吹き込むのだ。

確立されたやり方から逸脱するのはつらいかもしれない。うまくいかないかもしれないのに、人と違うやり方を試してみようと思う人がいるだろうか。現状から逸脱しすぎたのに正しい結果が出なかったら、周囲からの尊敬、友情、仕事さえも失うかもしれない。私たちがなかなか新しいやり方を試みようとせず、試みたとしてもおっかなびっくりで、少しでも躓(つまず)いたらまたすぐに長いものに巻かれようとするのはこのためだ。

周囲が同調してくれるというだけで、私たちはすぐに安心してしまう。だが伝説的な投資家ウォーレン・バフェットはこう語った。「他の人々が同意するかしないかで、あなたの判断が正しいか間違っているかが決まるわけではない。正しい事実や思考にもとづいていれば正しい判断ができる」

確立された方法を実践する人々は、新しいアイデアが欲しいと口では言うが、間違ったアイデアは避けたいと思っている。そして間違ったアイデアを排除しようとするあまり、優れた新しいアイデアを探すために思い切って従来の枠から踏み出そうとしない。

＊ 私がいつもピーター・カウフマンに言われていることだ。

進歩するためには社会の規範から逸脱しなければならないが、逸脱がすべてプラスに働くわけではない。成功するためには、人と違ったことをするだけでは不十分だ。読みが正しくなければならない。人と違うことをするためには、違う考え方をしなければならない。それはすなわち異端になるということだ*。

アメリカの野球選手、ルー・ブロックの言葉は本質を突いているかもしれない。「面子（めんつ）を失うことを恐れているやつを連れてきてくれ。そうすれば必ずそいつに勝てるやつを連れてきてやる」。要は社会性デフォルトにとらわれている者は、簡単に負かされてしまうということだ。ウォーレン・バフェットも同じように1984年のバークシャー・ハサウェイの株主に宛てた手紙で、社会性デフォルトの影響について書いている。

> 多くの経営者には「賢明だが、愚か者に見られるリスクが多少ある決断」を下す動機がほとんどない。個人的な損得があまりにもはっきりしているからだ。独創的な判断が吉と出れば「よくやった」とねぎらわれるが、うまくいかなければ解雇通知を渡される（常識的な判断をして失敗するのが得策だ。海に飛び込んで集団自殺することで知られるレミング（タビネズミ）は集団としては散々な評価を受けるが、個々のレミングが厳しい評価を受けることはまずない）。[4]

レミングももちろんささやかな変革はするかもしれないが、大きなインパクトを生み出すのに必要なほどの変革ではないだろう。運命を変えるために思い切ったことをやってやろうじゃないかと議論はしても、ひと皮めくれば何も変わっていない。実際に変わるのはマーケティングだけだ。

自分の頭で考える意欲を持ち、他の誰もやっていないことをやり、そのために愚か者に見えるリスクをとったとき、初めて変化は起きる。自分は他の人々のやり方をなぞっているだけだ（それもただずっとそのやり方が続いてきたというだけの理由で）と気づいたら、何か新しいことをやってみるべきだ。

社会性デフォルト反応とはどのようなものか、それにどうやって抗うべきかは、のちほどさらに事例を挙げながら見ていく。ここでは次のことを頭に入れておこう。自分は集団に溶け込むことに膨大なエネルギーを割いている、他の人々を失望させるのではないかといつもびくびくしている、つまはじきになることを恐れている、軽蔑されるリスクを思うと不安でいっぱいになる――そんな人は要注意だ。あなたは社会性デフォルト反応に振り回されている。

＊たいていの人は複雑な答えを追い求める。人並みになるために基礎を身につけたら、成功の秘訣、近道、あるいは知られざる知恵を求める。圧倒的に有能になるカギは基本をマスターすることだ。基本は簡単に思えるかもしれないが、単純というわけではない。一流の人々におそらく特別な秘訣や近道や知られざる知恵はないだろう。凡人よりも基礎基本をよく理解しているだけだ。それを表すのが、ウォーレン・バフェットのこの言葉だ。「投資の基本のキは、絶対に損をしないことだ」。ここには一生涯にわたる英知が詰まっているにもかかわらず、単純すぎると切り捨てる人は多い。思考の訓練とは、基本のキから自分の頭で考え抜き、このような洞察に至ることだ。

第5章

惰性デフォルト反応とは良くも悪くも予想できると安心

The Inertia Default

人の習性を変えようとするあらゆる試みの大いなる敵は惰性である。文明を制約するのは惰性だ。

――エドワード・L・バーニーズ著『Propaganda』

2000年代半ば、私は財産の相当部分を小さなレストランチェーンに投資した。有力投資家がこの会社の支配株主となって事業を再建したが、その変化がまだ株価に反映されていなかった。CEOの発言や施策はすべてまっとうだった。非常に魅力的なチャンスで、私は有り金をすべて突っ込んだ。

だがそれからの数年でCEOの姿勢は変化した。経営体制は対等なパートナーシップから独裁になった。鍋で湯を沸かしているときのように変化はゆっくりでわかりにくかったが、あるとき突然吹きこぼれた。

すでに当初の投資額は何倍にもなり、会社の将来性も信じていたので、私は拙速に売却するのを躊躇した。だが最終的に事実は動かしがたいものとなり、売らざるを得なくなった。わずかな成功を収めたCEOは、エゴデフォルト状態に陥ったのだ。突如としてパートナーはみな対等ではなくなり、一人が他の全員より偉くなった。*

私が認識を変えるまでには時間がかかった。CEOの一つひとつの問題行動はささやかなもので、黙認するのも容易だった。状況から少し距離を置き、客観的に見られるようになって初めてCEOの行動が行き過ぎであることに気づいた。それが誰の目にも明らかになる前に売り抜けることができて運が良かった。すんでのところで大金を失うところだった。†

惰性デフォルト反応は現状維持を促す。新しいことを始めるのは大変だが、何かを止めるのもまた大変だ。たとえ変えるのが最善の選択であっても、私たちは変化に抗う。[1]

ラテン語で「inertia」とは「不活性」、つまり怠惰あるいは無為を意味する。物理学でいう

* 序列化は強力な生物的本能だ。
† 本書執筆時点でこの会社の過去10年の投資リターンはマイナスになっている。同時期に株式市場全体が非常に大きなリターンをもたらしたのとは対照的だ。私が高値で売り抜けられたのは、多少運に恵まれたからであるのは間違いない。

「慣性」とは物体が運動状態を続けようとすることを指す。ニュートンの第一の運動法則、すなわち慣性の法則の一般的な定義は「運動中の物体は運動を保持しようとし、静止中の物体は静止しつづけようとする」だ。

物体の状態はそのまま放置すれば決して変わらない。自然と動き出すこともなければ、何かに止められるまで運動を止めることもない。[*] この物理法則は人間の行動、そしてたとえ有益なものであっても変化に抗おうとする人間の本能にも当てはまる。物理学者のレナード・ムロディナウはこう語っている。「ひとたび私たちの考えが特定の方向に向かうと、何らかの外的要因が作用しないかぎりその方向を向きつづける」。[2] 人の考えを変えるのが難しいのは、この認知的惰性のためだ。

大嫌いな仕事にとどまるのも、不幸な恋愛を続けるのも惰性ゆえだ。どちらのケースも次に何が起こるかがだいたい予想できる。予想がかなりの確度で実現する状況には安心感があるのだ。

人が変化に抗う一つの理由は、物事をあるがままの状態にしておくことには労力がほぼかからないためだ。それは私たちが慢心しがちな原因でもある。何かを動かすには相当なエネルギーが必要だが、状態を維持するのに必要な量ははるかに少ない。何かがひとたび「まずまず」の状態になったら、力を抜いてもそれなりの成果は出る。惰性デフォルト反応はすでにベストではなくなった昔ながらの方法や基準にすがりながらでも、コンフォートゾーン（居心地のよい状態）にとどまりたいという人間の欲求に根差している。

変化に抵抗するもう一つの理由は、新しいことを試すとこれまでより悪い結果につながる可能性があるためだ。変化には非対称性がある。私たちは好い結果より悪い結果のほうを重く受け止める。これまでより悪い結果が出ると、悪い意味で目立ってしまう。人並みでいられるのに、愚かに見えるリスクを冒す理由がどこにあるのか。人並み以下になってしまうリスクを冒すぐらいなら人並みでいい。

惰性は日々の生活習慣にも顕著に表れる。たとえば食料品を買うとき、新しい優れた競合品が登場しても馴染みのブランドを選ぼうとする。新しい製品になかなか手を伸ばそうとしない理由はたいてい、結果が不確実であるため、そして評価するのに手間がかかるためだ。こうした傾向を克服するため、企業は消費者に無料のサンプルを配る。がっかりするリスクを抑えつつ、新製品を試して品質を評価する手段となるからだ。

誰でも自分はオープンマインドで、新たな事実が判明したときには進んで意見を変えると思いたがるが、歴史を振り返るとそうではなさそうだ。自動車が登場したばかりの頃、多くの批評家がそれを一時的流行だと切り捨てた。馬や馬車のほうが輸送手段としてよほど信頼性が高い、と。同じように飛行機が発明された当初も、実用性や安全性に懐疑的な人が多かった。ラ

＊ ニュートンが運動法則を発表する50年ほど前、デカルトはその概要を次のように語っている。「それぞれの物体は自ら選択できるかぎり、常に同じ状態にとどまろうとする。したがってひとたび動かされれば、常に動きつづけようとする」

ジオ、テレビ、インターネットもすべて同じように疑問視されたが、いずれも現代社会のあり方に大きな影響を与えた。

惰性を考えるうえで危険なのは「ふつうゾーン」だ。これは変革の必要を感じない程度に物事がうまくいっている状態だ。そこから魔法のように事態が改善すればいいが、もちろんそんなことはめったに起きない。たとえば別れるには惜しいが、続けるには苦しすぎる恋愛関係などはふつうゾーンの最たる例だ。状況がはるかに悪ければ行動を起こすが、最悪というほどでなければ、改善を期待しながらそのままの状態を続ける。

間違っているときに倍賭けする

チャールズ・ダーウィンの名言とされるもの（実は違う）に「生き残るのは最も強い種でもなければ、知能が高い種でもない。変化適応力が最も高い種である」という言葉がある。[3] 言ったのがダーウィンではないからといって、この発言に価値がないわけではない。

環境が変われば、適応しなければならない。しかし惰性が働くと視野は狭まり、これまでのやり方を変えようとする意欲はしぼんでしまう。代替手段を想像するのは困難になり、試行錯誤や方向転換を阻む。

たとえば公の場での発言は惰性の原因となる。情報を公式な記録に残すと、周囲の期待、そして期待に応えなければならないというプレッシャーが生まれる。自らの発言に反するような新たな情報が入ってきても本能的にそれを拒絶し、逆に発言を支持するような古い情報に肩入れする。誰だって自分の発言に一貫性を持たせたいと思う。意見を変えるのは次第に難しくなっていく。新たな情報をもとに立場を変えた政治家が、「賢明」と評価されずに「節操がない」と批判される姿を目の当たりにすると、意見を変えることへの周囲の反応がますます恐ろしくなっていく。

また惰性は困難なことを先送りする原因となる。困難だがやらなくてはいけないことを先送りするほど、実行するのは難しくなっていく。対立を避けるのは気楽だし簡単だ。しかし避けていると、ますますやりにくくなっていく。難しいが簡単に済むはずだった対話が、あっという間にとほうもなく手に負えないものになっていく。避けているものの重みが、最終的には人間関係に影響を及ぼすようになる。

集団にも特有の惰性が生じる。集団は有効性よりも一貫性を重んじ、現状を維持しようとする人々を優遇する。惰性が働くことで集団の規範から逸脱するのは困難になる。悪い意味で目立ってしまうリスクが、右に倣（なら）えを助長することがあまりに多い。その結果、集団の力学はデフォルト状態から逸脱しない人々に有利に働くようになる。

集団的惰性は私の友人が（そしておそらく多くの人が）結婚を決める一因になった。友人は後になってこう語った。「結婚がうまくいかない予兆はそこら中にあった。でも別の相手と一からやり直すのは大変に思えたし、まわりがみんな婚約している時期だったので、自分たちもそれに倣ったんだ」

惰性の悪影響が及ぶのは、職場や人間関係だけではない。健康にも害を及ぼすことがある。1910年、アメリカの産業毒物学の第一人者であったアリス・ハミルトンは、イリノイ州で公害調査の責任者に任命された。それから数年にわたり、ハミルトンは職場での鉛(なまり)暴露や自動車からの鉛を含む排気ガスの危険性について動かしがたい証拠を提示した。しかしそうした証拠があったにもかかわらず、ゼネラル・モーターズをはじめとする自動車メーカーは有鉛ガソリンを使用する自動車を製造しつづけた。アメリカが有鉛ガソリンを廃止したのはようやく1980年代に入ってからだ。無害な代替物質が同等の価格で入手できるようになった今日でさえ、鉛は他の用途に使用されつづけている。[4]

惰性のために、私たちは目標達成に何の役にも立たないことをやりつづける。惰性は無意識に作用するため、気づいたときにはその悪影響はどうにもならなくなっている。本書の後段では惰性デフォルト反応の実例を検証しながら、その対処法を見ていく。ここでは次のことを頭に入れておいてほしい。あなたが集団のなかで言うべきことがあるのに口をつぐんでいる、あなたやチームが「これまでずっとそうしてきた」というだけの理由で特定の方法にしがみついたり変化に抗ったりしている、というときは要注意だ。おそらく惰性デフォルト状態に陥っている。

第6章

デフォルト反応からクリア・シンキングへ

Default to Clarity

人は意志にもとづいて行動できるが、意志は意のままにならない。

――アーサー・ショーペンハウアー

ヒトとしての初期設定を消し去ることはできないが、プログラムしなおすことはできる。自らの行動を改善し、より多くの目標を達成し、もっと喜びや生きがいを感じたいと思うのなら、デフォルト反応をコントロールする術を身につける必要がある。

幸い、私たちがよく考えずに反応する原因となる生物的本能は、プログラムしなおすことによってプラスの力に変えることもできる。

思考、感情、行動のデフォルト反応とは、他者や外部環境からの刺激に反応して無意識のうちに動作するアルゴリズムのようなものと考えてほしい。医者に医療用ハンマーで膝を叩かれたとき、膝を動かそうと思って動かすわけではない。膝は勝手に動くだけだ。それと同じことが思考や行動にも起こる。外界からなんらかの刺激を受けると、アルゴリズムが動き出し、そのインプットを処理し、自動的にアウトプットを生み出す。

こうしたアルゴリズムの多くは進化の過程で、あるいは文化、儀式、親や所属するコミュニティによって私たちにプログラムされたものだ。アルゴリズムのなかには目標に近づく助けになるものもあるが、逆に目標から遠ざけるものもある。

私たちは一緒にいる人々の習慣を知らず知らずのうちに身につけるので、まわりにいる人によって目標達成は容易にもなれば困難にもなる。一緒に過ごす時間が増えるほど、相手と同じように考え、行動するようになりやすい。

意志の力で戦おうとしても、結局は負ける。時間の問題だ。私の両親の例を考えてみよう。どちらも軍隊に入るまでは喫煙者ではなかったが、周囲の喫煙者に感化されるまでに時間はからなかった。最初こそ抵抗したものの、数週間が経つうちに「吸わない」と言い続けることに疲れてしまった。それから数十年後、周囲にはほぼ喫煙者しかいなくなったため、タバコを止めるのは不可能になっていた。かつて喫煙を始めるきっかけとなった要因が、今度は禁煙を妨げる要因となった。両親は環境を変えることで、ようやくタバコを断ち切ることができた。自分たちが望ましいと思う行動（タバコを吸わない）をデフォルト状態とする新たな友人たちを見つけたのだ。

習慣化あるいは脱習慣化はたいていこんなふうに起こる。一見、規律の問題に思えるものが、実は特定の行動を促すように入念に環境が整えられた成果であるケースは多い。そして一見、誤った選択をしているような人が、実は意志の力を発揮してなんとかデフォルト状態を打破しようとしているケースもある。デフォルトが非常に良い状態にある人は、たいてい非常に良い環境に身を置いている。それは意識的な戦略の結果であることもあれば、純粋に運に恵まれたケースもある。いずれにせよ誰もがすでに正しい行動を実践している環境では、それに合わせるのも比較的簡単だ。

あなたのデフォルト反応を改善するには、意志の力に頼っていてはダメだ。理想とする行動が、デフォルトとして実行されるような環境を意識的につくることだ。

意識的に環境を整えるのに有効な方法は、理想とする行動がデフォルトとなっている集団に加わることだ。もっと読書をしたいなら読書クラブに入ろう。もっとランニングをしようと思うならジョギングクラブへ。もっと運動したいならトレーナーと契約しよう。自らの意志の力だけに頼るのではなく、環境を選択することが、あなたを最善の選択に向けて後押ししてくれるだろう。

とはいえ言うは易く行うは難し。コンピュータのリプログラミングならコードを書き換えるだけで済むが、あなた自身のリプログラミングはもっと時間がかかる複雑なプロセスだ。次章からはこのプロセスについて詳しく述べていく。

第2部

強さを磨く

本能を手なづけ
追い風に変える

Building Strength

他者を批判するのは
己（おのれ）と向き合うよりたやすい。

―― ブルース・リー

意志の力だけではクリア・シンキングの敵に立ち向かうことはできない。デフォルト反応は私たちの奥深くに根差した生物的本能に付け込む。自己保存、社会的序列を理解し維持する、自分とその縄張りを守ろうとする。このような傾向があることを意識すれば意志の力で排除できる、といった簡単な話ではない。

むしろその逆で、意志の力さえあればこうした傾向を排除できるといった意識こそ、デフォルトが私たちを支配するための罠なのだ。

デフォルト反応によって優れた判断を妨げられないようにするには、同じくらい強力な生物的な力を利用する必要がある。デフォルトが私たちの足を引っ張る力を逆手にとり、味方につけるのだ。その最たるものが惰性の力だ。

惰性は両刃の剣だ。それが現状を維持しようとする傾向であることはすでに述べた。現状がいまひとつ、あるいは破綻している場合、惰性は好ましくない。しかし現状はいまひとつとは限らない。絶えず大切な目標に近づくことを考え、感じ、行動するよう心がければ、つまり自分の「強さを磨く」よう努力していれば、惰性はあなたの可能性を解き放つ無敵の力になるだろう。

プラスの惰性を生み出すカギとなるのが儀式化だ。儀式（ルーティン）は目の前の場面以外の何かに意識を集中させる。職場で誰かに反対意見を言われたとき、反論する前にひと呼吸おくといったシンプルなことでいい。私がかつてお世話になったメンターの一人に「ミーティングで誰かにコケにされたら、口を開く前に深呼吸しなさい。そうすると実際に発する言葉がどれほど違ったものになるか、意識してごらん」と言われた。

精神状態がパフォーマンスに大きく影響する分野では、儀式が当たり前に使われている。次にバスケットボールやテニスの試合を観る機会があったら、プレーヤーがフリースローやサーブを打つ前の様子に注目してほしい。ボールを同じ回数、地面に打ちつけるだろう。直前に選手人生最高のプレイをしたのか、失敗したのかは関係ない。儀式は直前に起きたことではなく、次のプレイに意識を集中させるのに役立つ。

強さとはデフォルトをいったん停止させ、優れた判断をする能力のことだ。周囲で何が起きているのか、状況がどれだけ理不尽であるかは関係ない。恥ずかしさ、恐怖、怒りを感じているかも関係ない。ほんの一瞬、一歩下がり、体勢を立て直し、その場の状況から自らを切り離すことのできる人は、できない人よりも高い成果を出せる。

ラドヤード・キップリングによる有名な詩「If（イフ）」に、次のような一節がある。「周囲の誰もが理性を失い、あなたを責めるとき、あなたが理性を保つことができたら。周囲の誰もがあなたを疑うとき、あなたが自分を信じることができたら」。これは人格的強さの大切さをうたっている。

強さを磨くとは、本能という荒馬を手なずけ、人生を良い方向に向かわせるよう訓練し、活用していくことだ。生物的本能という逆風を、一番大切な目標に向けて着実に運んでいってくれる追い風に変えることだ。

私たちが身につけるべき重要な強さは次の四つだ。

自分に責任を持つ　自らの能力を高め、弱点をコントロールし、理性によって行動を律する責任を引き受ける。
自分を知る　自らの強さと弱さ、自分に何ができ、何ができないのかを知る。
自分をコントロールする　恐れ、欲望、感情をコントロールする。
自信を持つ　自らの能力を信じ、自分は他の人々にとって価値のある人間だと信じる。

ここからは強さを一つひとつ説明し、それがどのようにデフォルト反応を抑えるのか理解していく。そのうえでどうすれば強さを養い、自分の人生の手綱を握っていくことができるか考えていこう。

第7章

自分に責任を持つ

Self-Accountability

私はわが運命の支配者であり、魂の指揮官である。

――ウィリアム・アーネスト・ヘンリー『INVICTUS』より

自分に責任を持つというのは、自分の能力に対して、また能力が及ばない部分に対して、さらに自分の行動に対して責任を引き受けることだ。それができなければ、永遠に前に進めない。あなたのまわりに「きちんと責任を果たしているのか」と問い詰めてくる者はいないかもしれないが、それはかまわない。あなた自身が問えばいい。周囲はあなたに今以上の成果を求めないかもしれないが、あなた自身はさらに上を求めればいい。他人に褒めてもらったり、尻を叩いてもらったりする必要はない。

外部からの評価はうれしいが、あってもなくてもかまわない。そんなものがなくても、あなたがベストを尽くすのに支障はない。他の誰の評価より重要なのは、あなた自身の真摯な自己評価だ。そして失敗したときには、鏡のなかの自分としっかり向き合い「これは私の責任だ。もっと頑張らなくては」と言える強さを持たなければならない。好むと好まざるとにかかわらず、あなたは自分の人生に、その帰結に、自分で思う以上に責任を負っている。

自分の人生に責任を負わない人は、自動操縦モードで人生を送りがちだ。これは自分の人生の手綱を取ることの対極にある。こういう人は常に外的圧力に屈する。褒められることを求め、罰を避け、他の人の価値基準で自らの価値を測る。リーダーではなくフォロワーだ。自分の過ちの責任は取らず、常に他の人々、状況、あるいは運の悪さのせいにする。自分のせいであることは決してない。

そんな人にははっきり伝えよう。すべてあなたのせいだ。

未来のあなたのポジションを良くするために、今できることは必ずある。問題をすぐに解決はできないかもしれないが、次の行動によって状況は良くもなれば悪くもなる。本当にささいなことかもしれないが、前に進むためにあなたが選び取れるアクションは常にある。

言い訳

不平不満を口にすることを戦略とは呼ばない。こうあって欲しい世界ではなく、あるがままの現実と向き合おう。

——アマゾン創業者、ジェフ・ベゾス[1]

情報機関で働きはじめたばかりのある日曜の朝、私が出勤すると同僚がすでに出社していた。私たちは間近に迫った秘密作戦のための重要なソフトウエアを準備していた。私が席に座ると、すぐに同僚が寄ってきた。

「君が書いているコードは二日前には完成しているはずだった。作戦は今晩で、君のコードなしには実行できない。事前テストも必要だ。君は作戦全体を危険にさらしているんだ。みんながわれわれを頼りにしているんだぞ」

世界同時多発テロが発生して以降、私たちはみな片時も休まず働き、猛烈なプレッシャーにさらされていた。一日5~6時間以上寝ていた者はいなかっただろう。1時間おきにコーヒーやカフェインましましの『ジョルト・コーラ』を注入する生活が健康に良いはずもない。

私たちはオペレーティングシステム(OS)の基礎を成す、複雑できわめて重要なソフトウエアを書いていた。平時でさえかなり困難な任務だ。このような作業にマニュアルはなく、グーグルでやり方を調べることもできない。前例はない、おまけに時間的余裕もないという厳しい状況だ。誰もが全力を尽くしていたが、まったく間に合っていなかった。絶え間なくプレッシャーにさらされながら何年も週60時間勤務はザラという働き方をしてきた同僚たちは、職場でもプライベートでも人間関係がギスギスしていて崩壊寸前だった。

同僚の言葉への私の反応は、ごく自然なものだった。「でも……出なければいけない会議が山ほどあって、しかもディレクターから他のプロジェクトに引っ張り込まれて『こちらを最優先に』と言われたんだ。それに……金曜日の朝にやろうと思っていたら雪でバスが止まってしまい、職場に来るまでに2時間もかかったんだ」

努めて冷静さを保ったが、心の中ではもっと猛烈に自己弁護をしていた。「おいおい、勘弁してくれよ。日曜だぜ？　休暇なんてもう何年もとっていないし、恋人とよりあんたと過ごす時間のほうがはるかに長い。全力を尽くしているのに、何をやってもまだまだと言われるんだ」

「要するに、自分のせいじゃないって言うんだな？」と同僚は何気なく言った。その言葉が罠であることに、私は気づかなかった。

「だからさ、僕にはどうにもならないことが山ほど起きたんだ。心配するなよ、今日中にやるから」

「ふざけんな。全部おまえのせいだよ。言い訳はやめろ」。そういって彼はくるりと背中を向けた。そして振り返りもせずにこう言った。「とっととやるべきことをやれよ。さもなければおまえのせいで作戦を中止するはめになる」

突然、体にエネルギーが湧いてくる気がした。目標に向かおうとするプラスのエネルギーではない。デフォルトが作動したのだ。湧いてきたのは自尊心を守ろうとするエネルギーだ。自らの縄張りを、そして自分自身を守ろうとしていた。

再生可能エネルギー源として、セルフイメージを守ろうとする本能を超えるものはない。同僚は私を身体的に攻撃してきたわけではないが、「きちんと仕事をするハードワーカー」というセルフイメージを脅かした。人は他者から自己認識を脅かされると、思考を停止して反射的に動き出す。

私はこの一週間で自分がどれだけの仕事をしたか、リストアップしはじめた。何時間働いたか、どれほど多くのプロジェクトにかかわっているか、どれほど多くの同僚やプロジェクトに手を貸したか。一つひとつ挙げていくたびに、怒りがふつふつと湧いてきた。それまで慣性によって一定に保たれていたマイナスの感情が、破滅へと向かう強力な渦に変わった。自分がどこに向かっているのか意識していなかった。考えるのではなく、ただ状況に反応していた。言い訳を考える力はとどまるところを知らなかった。「オレのせいだって？　どういう了見だ。アイツはまるでわかっていないんだ！」

できあがったリストを同僚に送った。1ページには収まりきらないほどだった。すぐに返信が届いた。

知ったことか。おまえはチームとプロジェクトに対して、与えられた仕事をきっちりやる責任を負っているんだ。責任を果たせないなら、失敗から学習して次はちゃんとやれ。おまえなんかと仕事したくない。

追伸　遅刻をバスのせいにするな。車を買え。

なんだと!?　もはや心理的打撃にとどまらず、身体的影響まで出はじめた。感情と思考をコントロールできなくなって心拍が高くなり、目がすわった。同僚からの短いメールのために、それから2～3時間は仕事が手につかなくなった。

自尊心を守ることに膨大なエネルギーを浪費すると、さっさと気持ちを切り替えてやるべきことをやるという、状況を改善するために本当に必要な行動がおろそかになる。自分がそんな選択をしたことすら気づかない。誰かが私の肩を叩き、「これから3時間分のエネルギーを浪費するのが本当に君のやりたいことなのか」と聞いてくれたら、はっきり「ノー」と答えていただろうに。

同僚のメールは辛辣でフェアでもなかったが、親切であり、私の人生を変えてくれた。もちろんもっと穏やかな態度をとることもできたはずだが、だからといって彼が間違っていたわけではない。*

フィードバックを求めた相手が、親切だが辛辣というのはよくあることだ。親切な人は温厚な人が言わないことを言ってくれる。親切な人は「君の歯にほうれん草がついているぞ」と指摘してくれる。温厚な人はそんな気まずくなるようなことは言わない。親切な人はたとえ気まずくなっても、相手の問題を指摘する。温厚な人は相手の気持ちを傷つけることを恐れて批判的フィードバックを控える。だから私たちは、他人がこちらの言い訳に耳を傾けてくれると勘違いするのだ。[†]

チームにとって、私のバスが遅れたこと、それが私のせいではないことなどどうでもよかった。作戦が成功することがすべてだ。成功とは、詰まるところ結果である。

あなたの言い訳にあなたほど興味を持つ人は一人もいない。もっとはっきり言えば、あなた以外にあなたの言い訳に興味のある人はいない。

理由はどうであれ、責任はあなたにある

自分の行動の結果が自己評価にそぐわないとき、他人や不利な環境のせいにすることで自尊心を守ろうとする人は多い。こうした傾向を表す心理学用語もあるほどだ。「利己的バイアス」とはセルフイメージを守る、あるいは高められるように都合よく物事を評価する習性を指す。「アイデアは良かったが、実行に問題があった」「最善は尽くした」「そもそもこんな状況に巻き込まれるのがおかしい」といった発言は、利己的バイアスの表れであることが多い。[‡]

ここで重要なことを指摘しておこう。いずれも真実かもしれない。本当にアイデア自体は悪くなく、実行に問題があっただけかもしれない。本当に最善を尽くしたのかもしれない。そも

そもそんな状況に陥ったのが不運だったのかもしれない。残念ながら、それはどうでもいいことだ。誰も気にしない。真実であったとしても、結果は変わらないし、問題は未解決のままだ。

あなたのせいではなくても、責任はある

あなたの能力の及ばないところで何か問題が起きたからといって、全力を尽くして対処する責任がないことにはならない。

保身の欲求は、前に進む妨げとなる。自分を取り巻く状況に対してお手上げだと白旗を掲げ、肩の荷を下ろしたいという誘惑はあるだろう。それが事実の場合もある。偶然発生した事態によって悪影響をこうむることもある。流れ弾に当たる、病気になる、飲酒運転の車にはねられるなど、自分の力の及ばない要因で不運に巻き込まれることは多々ある。

だが文句を言ったところで現状は変わらない。それが自分のせいではない理由を並べたてた

＊ その後、この同僚とは親友になった。
† ポッドキャスト《ザ・ナレッジ・プロジェクト》の第135回で「親切な人」と「温厚な人」の違いを教えてくれたのはサラ・ジョーンズ・シマーだ。
‡ 利己的バイアスは自己保存の手段でもある。ここで私たちが守ろうとしている自己とは自己認識、すなわちアイデンティティだ。

ところで状況は良くならない。その結果生じた弊害には、やはりあなたが対処しなければならないのだ。常に次の一手に集中しよう。それはあなたの行こうとしている場所に近づくものか、あるいは遠ざかるものか。

ポーカーをプレイしていると、これを直感的に学習する。配られる手札は、ほぼ運で決まる。自分を哀れんだり、配られた札に文句を言ったり、あるいは他のプレーヤーの戦い方を非難したところで、自分にコントロールできる部分に集中する妨げとなるだけだ。あなたには配られた手札で最善の戦いをする責任がある。

持てるエネルギーを自分にコントロールできる部分に投下することもできれば、コントロールできない部分に注ぐこともできる。コントロールできない部分に注ぐエネルギーの分だけ、コントロールできる部分に注げるエネルギーは減る。

進んで困難な状況に身を置く者はいないが、逆境は力を試し、自らの成長を確かめる機会になる。力試しといっても比較対象は他人ではない。かつての自分だ。昨日の自分よりも成長しているだろうか。気楽な環境では、ふつうの人材と傑出した人材を見分けるのも、自分のなかの傑出した部分を見極めるのも難しい。ローマ時代の奴隷プブリリウス・シルスもこう言っている。「凪（なぎ）の海なら誰でも舵をとれる」[*]

傑出した人材への道は、どのような状況に置かれても自分の行動の責任をとると腹をくくるところから始まる。傑出した人は配られた手札を変えられないことをわかっている。もっと良い札がくればいいのに、とぐずぐず考えて時間を無駄にすることはない。配られた札でどう戦い、最善の結果を出すかに意識を集中させる。他人の背後に隠れるようなマネはしない。優れた人間はたとえそれがどのようなものであろうと困難に立ち向かう。デフォルトに屈することなく、最高のセルフイメージのとおりに行動することを選択する。

多くの人が犯しがちな過ちのひとつは、現実の世界をありのままに受容するのではなく、「世界はこうあるべきだ」と無理を通そうとすることだ。あなたや同僚が「こんなの間違っている」「フェアじゃない」「こんなことはありえない」などと口にするとしたら、受容ではなく無理を通そうとしている証だ。現実とは違う世界線を望んでいるのだ。

ありのままの世界を受容できない人間は、自分が正しいことを証明することに時間とエネルギーを費やす。望んだ結果が実現しなかったとき、環境や他者のせいにするのは簡単だ。私はこれを「間違った正解」呼んでいる。結果ではなく自尊心に意識が向いているためだ。

無理を通そうとするのをやめ、ありのままの現状を受け入れるようになると、解決策が立ちあらわれる。そもそもなぜこんなひどい状況に陥ってしまったのかを考えるのではなく、次の一手に意識を集中することで、たくさんの可能性が拓けるからだ。自尊心よりも結果に重きを置くようになれば、これまで以上の結果が出るようになる。

＊『The Moral Sayings of Publilius Syrus』より。私の投資会社シルス・パートナーズ（syruspartners.com）の名は彼に由来する。

どう対応するかで常に状況は良くも悪くもなる

すべてをコントロールすることはできないが、自らの反応をコントロールすることはできる。それによって状況は良くも悪くもなる。一つひとつの反応は未来に影響し、あなたの望む結果、なりたい人間に一歩近づけもするし、遠ざけもする。

行動する前に、自分に問うべき効果的な質問がある。「この行動は未来を楽にするか、それとも困難にするか」だ*。この驚くほどシンプルな問いは、状況への見方を変え、事態を悪化させるのを防いでくれる。「穴にはまったとき、まずやるべきは掘り進むのを止めることだ」と祖父が（祖父に限らないが）よく言っていたとおりだ。

20代半ばだったある日、私はメンターのオフィスにいた。私は昇進の機会を逃したばかり。候補になったのに逃したのは初めてだった。評価がどれほどフェアじゃなかったか、私は文句つらつらだった。

「なぜこんな目に遭うんだろう。誰かが僕に悪意を持っているのかな」。人事を決めた人物の悪口を言い始めたところで、メンターが口を開いた。

「君はすでに起きたことを受け入れるのを拒んでいる。バカげているよ」

「バカげている？」と私は聞き返した。

「そうさ。もう起きてしまったことだ。異論を差しはさむ余地はない」。メンターはさらに続けた。「いいかい、本当に腹が立つよな。君には文句なしに能力があった。それでも昇進できなかった。そこには理由があるはずだ。ここで重要なのは他人を責めるのをやめて、自らの責任を引き受けることだよ」

私はメンターの言葉に黙って耳を傾けた。彼の言うとおりだ。これはたまたま降りかかった災難ではない。世界が私を陥れようとしているわけでもない。自らを振り返り、自分のどのようなふるまいがこの結果を招いたのか真摯に振り返り、やり方を改善していく必要がある。

メンターのオフィスを出るときには、この事態をどう受け止めるべきかはっきりしていた。自分に責任を持つことを学ばないかぎり、先は知れている、と。

文句を言っても解決しない

現実と向き合うのはつらい。自分にはどうにもならない要因を責めるほうが、自分自身にどんな問題があったのか探るよりも簡単だ。

自分の考えを変えないため、世界から与えられるフィードバックに抵抗する人はあまりに多い。自分自身を変えるより、世界を変えようとする。そして世界を変える力がないと、唯一残された選択肢に走る。文句を言うのだ。

＊ 私は自分の子どもたちに同じ趣旨の質問をしている。「このふるまいは、キミを目的に近づけるの、それとも遠ざけるの？」。効果は抜群だ。

文句を言うのは非生産的だ。本当は違うのに「世界はこうあるべきだ」という考えに凝り固まっていくだけだ。現実から乖離していくほど、今直面している問題を解決するのは難しくなる。**未来を生きやすくするために、今できることは常にある。文句を言うのをやめた瞬間に、それが見えてくる。**

あなたは被害者なんかじゃない

一番大切なのは、自分自身にどんなストーリーを語るかだ。ポジティブなストーリーを語ることが必ずしも良い結果につながるわけではないが、ネガティブなストーリーを語ればたいてい悪い結果につながる。

私たちはそれぞれ、自らに語るストーリーの主人公だ。物事がうまくいかなくなったときにヒーローが責められるのはおかしい。だからなぜ物事がうまくいかなくなったか説明する際には、他の誰かに責任を転嫁しようとする。

満足するような結果が得られなかったときに誰かのせいにしても、それによって優れた判断を下せるわけでもなければ、良い人間になれるわけでもない。エゴデフォルトのもたらす保身の反応であり、弱く脆(もろ)い人間でありつづけることになる。

その場の状況、置かれた環境、あるいは他の人々を責めてばかりいる人は、自分には結果に影響を及ぼす能力がないと言っているに等しい。だがそれは違う。私たちは人生において選択を繰り返す。それが習慣となり、習慣が歩んでいく道を決め、その道が結果を決める。不本意な結果の言い訳をするのは、それを引き起こした責任を放棄することだ。

問題が起きると常に他人や環境のせいにする人を表す言葉がある。「被害者」だ。もちろん、実際には被害者ではないことが多い。被害者意識を持っているというだけで、その意識は優れた判断の妨げとなる。慢性的被害者は、自分は何もできない、無力で絶望的だと思っている。不幸が自分のせいであることはない。常に誰か、あるいは何かが邪魔をするのだ。最初から慢性的被害者になろうと思っている人はいないが、責任を回避する経験が徐々に積み重なっていくと、自分がどんな人間になろうとしているか気づかなくなる。やがて押しも押されもせぬ慢性的被害者となる。

慢性的被害者になる過程には、自分が嘘をついていると自覚する瞬間が何度かある。自分に語っているストーリーが真実ではないことに気づく。自分に責任があることがわかっている。だが現実に直面し、責任を引き受けるのは難しい。不愉快だ。逃避して他人や環境や不運を責めるほうがはるかに楽だ。

皮肉なことに、慢性的被害者を心から大切に思う人たちが、知らず知らずのうちに責任転嫁を助長する。物事がうまくいかないと、私たちは自然と家族や親しい友人に打ち明ける。自分を愛し支えてくれる、善意しかない人たちだ。状況に対する私たちの解釈にそうだそうだとうなずき、安心させてくれる。でも、それで何かが変わるわけではない。誤った世界観はそのままだ。彼らは考え方、感じ方、行動のパターンを見直せ、とは言わない。だから次に同じような状況に陥ったときも同じ反応をし、同じように不本意な結果になる可能性が高い。

反対に、あなたのまわりに「今回はかなりやらかしたね。立て直すために、何か手伝えることはある？」「君が思うような結果を得られない最大の原因を指摘させてもらうよ」などと言ってくれる友人はいるだろうか。

いるなら、今すぐ電話して「ありがとう」と伝えよう。人生にそんな存在がいるというのは、めったにない幸運だ。大切にしよう。

あるいはあなたにとっては親がそんな存在かもしれない。私が13歳だったとき、放課後に友人たちと一緒にいた。大勢が一人のクラスメートをからかっていて、私はそれをただ見ていた。状況がエスカレートする前に先生たちが介入して事なきを得た。ただ私は気づいていなかったが、近くに迎えの車を停めた父が一部始終を見ていた。私が車に乗り込むと、父は何があったんだと尋ねてきた。

「何もないよ」と私は答えた。すると父は、今は私が自分の子どもたちに見せるようになった「何かを言わんとするときの親の顔」で見つめてきた。「ちょっとからかっていただけさ」と言うと、「どうして？」と父は重ねて聞いてきた。

「みんながやっていたもの。たいしたことじゃないよ、かりかりしないで」

父は道の真ん中で車を停め、また同じ顔で私を見た。

「おまえはあの場にいることを選び、みんなを止めないことを選んだんだ。みんながやっているからというだけの理由で行動して、それが言い訳になると思うな。自分の選択の責任は自分にある。おまえはもっとましな人間のはずだ」

それから翌日まで、ひと言も口をきいてくれなかった。

これはとても重要な教訓だった。**何かを「しない」という選択は「する」という選択と同じくらい重要なことが多い。人間の真価は、周囲に迎合せずに正しいことをするという選択をできるかどうかで決まる。**

父は私がそもそもあの場にいたことより、他のクラスメートを止めなかったことに失望していたのだと気づいたのは、しばらく経ってからだ。[2] 父は私を受動的な人間、まわりの人たちや出来事によって言動を支配される人間にしたくなかった。慢性的な環境の被害者になってほしくなかったのだ。

成功者は慢性的被害者と仕事をしようとは思わない。慢性的被害者と仕事をしようと思うのは同類だけだ。

慢性的被害者を観察してみると、その危うさがよくわかる。彼らの態度や感情は自分ではコントロールできないことに振り回されている。物事がうまくいけば喜び、うまくいかなければ自己弁護をし、受動攻撃的になり、ときにはもろに攻撃的になる。夫や妻の機嫌が悪いと自分も不機嫌になる。出勤途上で渋滞に巻き込まれると、怒りやイライラをそのまま職場に持ち込む。率いているプロジェクトが順調に進まないと、チームの誰かの責任にする。

自分に責任を持つというのは、あらゆることをコントロールできなくても、あらゆることへの自分の反応はコントロールできることを認める強さを持つことだ。人生がどのような試練を与えようとも、ただ反応するのではなく、主体的に行動する心構えを持つこと。障害を学習と成長の機会に変えることであり、試練そのものより試練にどう対応するかのほうが幸せになるために重要だと気づくこと。そして往々にして最善の道は、物事をあるがままに受け入れ、先に進むことだと理解することだ。

第8章 自分を知る

Self-Knowledge

汝（なんじ）自身を知れ

――デルフィのアポロ神殿に刻まれている格言

自分を知るとは、自らの強みと弱みを知ることだ。自分にできることとできないこと、能力と限界、強靭な部分と脆弱な部分、コントロールできるものとできないものを知らなければならない。自分が知っていることと知らないことをわかっている必要がある。さらに認知的死角、すなわち自分が知らないことすら知らない何か（ドナルド・ラムズフェルド元アメリカ国防長官が「未知の未知」と呼んだもの）があることを頭に入れておくべきだ。

自分がどれくらい自分を知っているかを把握したいという人は、一日に何回「知らない」という言葉を口にするか考えてみよう。一度も口にしないなら、おそらく想定外のことを無視したり、結果を理解するより言い逃れをするほうが多いのだろう。

自分が何を知っていて、何を知らないかを理解していることは、勝てるゲームを戦うためのカギとなる。

最近、とある食事会で不動産ビジネスで大成功した友人の姿を見て、自分を知るとはどういうことかをまざまざと見せつけられた。出席者の一人だった辣腕投資家が、ある会社を非公開化しようとしているので出資しないか、と友人に持ちかけた。こんなすばらしい事業アイデアを聞くのは何年ぶりだろうと私は感心した。

投資家の説明が終わると、友人はしばし沈黙した。そして水を一口飲んでから、こう言った。

「僕は興味がないな」。テーブルに沈黙が広がった。出席者はみな、自分は何を聞き間違えたのだろうと首をひねった。ようやく一人が沈黙を破り、なぜ投資しないんだと友人に尋ねた。

「僕はその領域には疎いんだ。自分が知っているところで勝負したい」

レストランを出るとき、私は友人と少し話した。確かにあの投資話はすばらしかったし、投資家のことも個人的に信頼していたし、投資に乗った人は大金を稼げると思ったよ、と彼は打ち明けた（実際に投資した人は大金を稼いだ）。「でも投資で成功する秘訣は、自分が何を知っているかを理解し、そこにとどまることだ」

友人は不動産をよく知っていた。そしてその領域にとどまり、辛抱づよく勝負すれば、間違いなく成功することもわかっていた。

どれだけ知識があるかでなく、どう使うか

自分が本当のところ何を知っているかを理解することは、一番大切な実用スキルのひとつだ。知識の量よりもはるかに重要なのは、知識の限界を把握していることだ。

かつて夕食をともにしたとき、チャーリー・マンガーが先述の不動産投資家の友人と同じ考えを語っていた。「他の人々に能力があって、自分にはない分野で戦えば負ける。自分が強い分野を見つけ、そこを動かないことだ」と。

自分が強い分野を知っているだけでは不十分だ。その外側にいるときにその事実を認識することも必要だ。線のどちら側にいるのか、そもそも線があるのかどうかもわからなければ、能力の限界の外側にいるはずだ。

ただ自分を知るというのは、実用スキルに限った話ではない。どんなときにデフォルト反応に屈しやすいかを知ることも重要だ。どんな状況に陥ると、思考せずに条件反射してしまうのか。感情的になりすぎる傾向があるかもしれない。悲しさ、怒り、強い自滅的思考に振り回されやすいのではないか。疲れているときに短気を起こしやすい、あるいは空腹になると人が変わるのかもしれない。社会的圧力や周囲からバカにされるリスクに特に敏感なのかもしれない。

自らの強みと弱み、能力とその限界を知ることは、デフォルト反応に抗うのにとても重要だ。自らの弱点を知らなければ、本能につけ入る隙を与えて主導権を奪われるだろう。

第9章

自分をコントロールする

Self-Control

激情の虜にならない男がいたら俺にくれ。
この心の中心に、心の奥底にしまっておこう。
――ウィリアム・シェイクスピア『ハムレット』（松岡和子訳）

セルフコントロールは恐れや欲望といった自らの感情を制御する能力だ。

人が生きていくうえで感情から逃れることはできない。人間を含む哺乳類は、環境がもたらす差し迫った脅威や機会に即座に反応するように進化してきた。たとえば脅威に接したときの恐怖、社会的な絆を形成することへの喜び、何かを失ったときの悲しみなどの感情がそれだ。このような生理的反応、あるいはそれらを引き起こす条件を完全に排除することはできない。できるのはどのように反応するかをコントロールすることだけだ。

　感情の波に揺られるコルクのような人もいる。その行動は怒り、喜び、悲しみ、恐れなど、その時々の引き金となる感情に振り回される。一方、感情の波に人生の主導権を断固として譲らない人もいる。舵を握り、どこへ行きたいか決めたら波に逆らってでもその方向へ船を進めていく。それでも他の人々と同じように上げ潮も下げ潮も経験するが、感情の波に人生の方向性を決めさせることはしない。優れた判断を下し、自ら決めた航路を外れないように操舵する。

　セルフコントロールの要諦は、何も考えずに本能に従うのではなく、合理的思考をするためのスペースを生み出すこと。自らの感情を「生き物」ではなく、こちらが意図しないかぎり行動に影響を及ぼすことのない「モノ」のようにとらえ、管理できるようにすること。自分自身と感情のあいだに距離を置き、自分には感情にどう反応するかを決める力があると理解することだ。感情の赴くままに反応することもできるが、クリアに思考し、感情に従う価値があるか検討することもできる。

　感情デフォルトというプログラムはあなた自身と感情のあいだから一切の距離をなくそうとし、思考をせずに反応を引き起こそうとする。たとえ未来を苦しくすることになっても、今優位に立とうとする。だがセルフコントロールができれば感情を抑制できる。

　幼児が癇癪を起こすのを見たことがあるだろうか。セルフコントロールを身につけていない人が感情デフォルトに陥ると、ああなる。本当に恐ろしいことに、感情デフォルトを回避する能力が幼児とほぼ変わらない大人もいる。彼らはセルフコントロールが弱く、感情の波にしょっちゅうさらわれる。

成功をつかむうえで重要なのが、その時々にやる気があるか否かにかかわらず、やるべきことをやるセルフコントロール能力だ。長期的にみると、感情的な思い入れの強さよりはるかに重要なのが規律をもって一貫して取り組む姿勢だ。ひらめきやワクワク感があればスタートを切れるかもしれないが、目標を達成するまで継続する力となるのは粘り強さや反復だ。情熱を数分間維持することなら誰にでもできるが、プロジェクトが長引くほど情熱を維持できる人は減っていく。誰よりも成功するのは、自らをコントロールし、何があろうと前に進み続けることのできる人だ。ずっとワクワク感が続くわけではない。それでも粛々と仕事に出てくる人々だ。

第10章 自信を持つ

Self-Confidence

自信を持つとは、自らの能力を信じ、自分は他の人々にとって価値のある人間だと信じることだ。

自分の頭でモノを考え、社会的圧力、自尊心、惰性、あるいは感情に振り回されないためには自信が必要だ。結果は必ずしもすぐに出るわけではないことを理解し、いずれ良い結果を得るまでやるべきことに集中するためにも、自信が必要だ。

子どもはチャックを締める、靴紐を結ぶ、自転車に乗るといったささやかなスキルを身につけるたびに自信をつけていく。やがて大人になったとき、その自信が進化し、さらに複雑な能力（ソフトウエアを書く、壁画を描く、落ち込んだ友人を励ますなど）を身につける原動力となる。

自信は否定的なフィードバックを受けた後に立ち直る力、そして変化する環境に適応する力を生む。他の人々には評価されなくても、自分にはどんな能力があるか、それにどのような価値があるかをわかっている。健全な自信を持つことができたら、行く手にどんな試練や困難が待ち受けていようとも切り抜けられるだろう。

自信 vs 自尊心

自信は困難な意思決定を実行し、自分をより深く知るのに役立つ。自尊心は自分のいかなる欠点も認めるのを邪魔するが、自信は欠点を認める強さを与えてくれる。こうして人は謙虚さを学ぶのだ。

謙虚さの伴わない自信は一般的に自信過剰と同じである。これは強みではなく弱みだ。自信がある人には自らの弱さや欠点を認めたり、何かにおいて他の人々のほうが自分より優れていることを認め、必要な協力を求めたりする強さがある。

自分には特定の仕事をやり遂げる能力があるのか、疑問を持つのは人として自然なことだ。どれほど有能な人でも、ときには不安を抱く。だが自信のある人は失望感や虚無感に屈することがない。これらも自尊心に起因する罠だ。自信のある人はときに他の人に頼らなければならないことがあっても、目の前の仕事をやり遂げることに集中しつづける。一つの仕事に成功するたびに、自分への信頼は深まる。そうやって自信は培われていく。

自信は自分にかける言葉からも生まれる

能力の欠如より自信の欠如によって潰える夢のほうが多い。ただ自信は成功の副産物であることが多いが、自分に語りかける言葉からも生まれる。

頭のなかの小さな声は、自分への疑念をささやくこともあるだろう。ただそれだけでなく、過去に乗り越えてきた困難や試練、そしてあなたが最後までやり抜いた事実を思い起こさせてくれてもいいはずだ。誰だってその小さな声に、話題にできるような輝かしい瞬間をたくさん見せてきたはずだ。何千回も転びながら歩くことを覚えた。一回目のテストに失敗したときにはどこを間違ったのか確認し、次のときは満点を取った。解雇されたことがあったが、結果としてもっと良い仕事に就くことができた。恋人と別れる、会社が倒産する、初めてスキーに行って震え上がるなど、どんな試練に見舞われても克服し、乗り越え、結果としてより強くなった。これまで直面してきた逆境について、自分に語りかけるのは大切なことだ。というのも、過去の困難は未来の困難に向き合う自信を与えてくれるからだ。

末の息子をクリフジャンプに連れて行ったとき、私たちは深刻なジレンマに直面した。崖の上に着いて7・6メートル下を見下ろした息子が怯えてしまい、飛び降りるのではなく崖をつたい降りていきたいと言い出したのだ。だがそれは不可能だった。崖を下るのは飛ぶよりはるかに危険だからだ。ちょっとしたミスで鋭い岩場に落下してしまう。下を見下ろせば見下ろすほど、息子は不安になっていった。息子がこの状況から自らを救い出せるように、何とかしなければならない。

最初にやったのは、呼吸に集中することだ。呼吸は気持ちを落ち着かせるのに有効な手段だ。まず通常の呼吸をして、その後すぐに小刻みに息を吸う。人がすすり泣くときの呼吸で、気持ちをなだめる効果がある。身体をリラックスさせられて初めて、内なる対話のトーンを変えることができる。

息子に「今、心の中では自分にどんな言葉をかけているの」と尋ねたところ、ひどい内容だった。息子はこんなところまで登ってくるなんてバカだ、こんな挑戦はするべきじゃなかった、本当に怖いよと嘆きながら自分自身をボコボコに殴りつけていたという。誰もがときにはこんなふうに自分自身を扱うのではないか。少なくとも私には身に覚えがある。

次に息子の心中の対話のトーンを変えた。私たちは自分の口にする言葉が他人の気持ちにどんな影響を与えるかはわかっているが、自分自身に向ける言葉が自分にどんな影響を与えるかまず考えない。私は息子に、これまでにも挑戦する前は怖かったけれど、やってのけたことを挙げてごらんと言った。すると即座に、息子はスノーボードをしていて「うっかり」超上級者コースに行ってしまったときのこと、初めてウェイクボードをしたときのことを話しはじめた。他にもさまざまなエピソードが挙がり、息子が勇気を振り絞らなければならない場面はこれまでもたくさんあったことがわかった。

自分が数々の難しい初挑戦をクリアしてきたことに気づいた息子は、再び呼吸に意識を集中させた。そして飛んだ。数秒後に息子は水面に顔を出し、二度目のジャンプを目指して崖を登ってくるときには満面の笑みを浮かべていた。

自信のある人は現実に直面することを恐れない。自分ならうまく対応できることを知っているからだ。自信のある人は他の人々にどう思われるか気にせず、目立つことを恐れず、新しいことに挑戦するとき愚か者に見られるリスクを厭わない。何度も打ちのめされ、立ち直ってきた経験があるので、必要とあればまたできることを知っている。そして何より、その他大勢よりも優れた結果を出すには、ときには人と違ったやり方をしなければいけないこと、妨害したり否定したりする人は必ず出てくることを知っている。自信のある人が参考にするのは多数派の意見よりも現実だ。

あなたが最も耳を傾けるべきは、これまであなたが成し遂げてきたことを思い出させてくれる声だ。今目の前にしている難題は初めてかもしれないが、なんとか乗り越える方法は見つけられるだろう。

自信と誠実さ

自信は困難な事実を受け入れる強さでもある。誰もが「こうあってほしい」という世界ではなく、ありのままの世界と向き合っていかなければならない。不都合な真実を否認するのをやめ、困難な現実に対応しはじめるのは早ければ早いほうがいい。

誰にでも今、受け入れるのが難しく、痛みを避けたいという理由から否認していることがあるはずだ。仕事で袋小路にはまっている、破産しかかっている、うまくいかなかったことを認めたくない投資商品を抱えているかもしれない。だが早く現実を受け入れたほうが、早く対処でき、早く対処するほど悪影響は抑えやすくなる。困難な仕事を片付けるのに適切なタイミングを待たなければいけないというのは、十中八九言い訳に過ぎない。するべきことを先延ばしするのに正当な理由をつけているだけだ。完璧なタイミングなどというものはない。[1] あるのはそんなタイミングを待ち続けたいという願望だけだ。

自信がある人は自らの動機、行動、結果に正直だ。心の声が現実を無視しているときには、そうと気づく。また現実世界から与えられるフィードバックに耳を傾け、耳あたりの良い意見を求めてうろうろしない。

インターネットのおかげで、どんな考えの持ち主でも同調してくれる人を見つけやすくなった。ホロコーストを否認したい人には、そのためのグループがある。ワクチンが自閉症の原因だと考えている人にも、賛同者はたくさんいる。いまだに地球は平らだと信じる人の団体も世界中に会員を抱えている。

自分と同じ幻想を抱いている人で周囲を固めるのは簡単で、時間もかからない。だからといってそれが真実にはならない。現実は人気投票で決まるわけではない。身の回りをあなたが正しいと言ってくれる人で固めても、あなたの言い分が正しくなるわけではない。そしてひとたび集団に受け入れられるというぬるま湯に浸かってしまうと、そこから抜け出るのは難しくなる。再び社会性デフォルトが発動するからだ。

私たちが身の回りを固める集団は、問題は自分たちではなく世界のほうにあると思わせようとする。自分たちは正しく、それ以外はみんな間違っていると考え、適応や改善ではなく、現実の否認にエネルギーや集中力を費やす。現実を受容するよりそのほうが心地よいからだ。現実を変えるためには、まずはそれを受け入れなければならないのに。そして心の奥深くで、なぜ自分は望むような結果が出せないのだろうという疑問を抱え続ける。なぜもっと良い結果を出せる人がいるのか、自分とは何が違うのか、と。

私はあるとき大規模な上場企業のCEOと散歩をしながら、会社の主要ポストへの人材採用について議論した。

「採用後に成果を出せるかどうかを予測できる資質を一つだけ選ぶとしたら、なんだろう?」と私は尋ねた。

「簡単さ。自分が知っていると思っていたことについて、いさぎよく意見を変えられるかだ」とCEOは答えた。

最も価値がある人材とは、最初からすばらしい考えを持っている人ではなく、考えを変えられる人だ。自尊心ではなく結果に意識が向いている。それに対してうまくいかない可能性が最も高いのは、自分の見解を支持する細々とした事実にこだわる人だ。

「正しい意見を持つことより、自分が正しいことを証明することに意識が向きすぎるんだ」

「自分に責任を持つ」の章で書いたとおり、これが私の言う「誤った正解」だ。本来賢いはずの人が、最善の結果と自分個人にとって最善の結果を取り違えたときに陥る事態だ。[2]

正しい判断をするためには、自分の意見を進んで変えられなければならない。進んで考えを変えることができなければ、しょっちゅう判断を誤ることになる。頻繁に誤った正解を導き出すのは、ズームインしたりズームアウトしたりと物事をさまざまな角度で見ることのできない人だ。たった一つの視点、つまり自分の視点だけにとらわれてしまう。さまざまな角度から問題を見ることができないと、死角が生まれる。トラブルはたいてい死角から生じる。

自分が間違っているのを認めることは弱さの表れではない。強さの表れだ。誰かの説明のほうが自分のより理にかなっていると認めるのは、適応力の表れだ。現実に直面するのには勇気が要る。自らの考えを改めたり、自分がわかっていると思っていたことを再考したりするのは勇気が要る。何かがうまくいっていないと認めるのは勇気が要る。セルフイメージを傷つけるようなフィードバックを受け入れるのは勇気が要る。

現実に直面する難しさは、詰まるところ自分自身と向きあう難しさだ。私たちは自分のコントロールできないことを認め、できる部分をコントロールすることに労力を集中しなければならない。現実と向き合うには、自らの過ちや失敗を認め、そこから学び、先へ進むことが必要だ。

誤った正解

あるときニューヨークで効果的な意思決定について講演を終えると、聴衆の女性が近づいてきて質問をした。すでにイベント終了の予定時刻を過ぎており、私は急いで空港に向かわなければならなかったので、女性にそう伝えて辞去しようとした。すると女性は運転手に空港まで送らせるので、道中話をさせてほしいと提案してきた。*

車に乗り込むと、女性は今抱えている非常に難しい問題について語りはじめた。彼女は勤務先の次期CEO候補二人のうちの一人で、問題を解決できるかどうかでCEOになれるかが決まると思っていた。そして問題と自分が提案している解決策を詳しく説明してくれた。確かに彼女の案で問題は解決できそうだったが、複雑で、実行にはリスクが伴いそうだった。ただもう一つ代替策があるという。もっとシンプルでコストも低く、しかも実行リスクも低かった。客観的に見れば後者のほうが解決策として優れていた。唯一の問題は、それが彼女のライバル候補が提案しているものだったことだ。

彼女は自らの考えを詳しく話してくれたが、自分の解決策のほうが優れていることを証明し、自分の立場を守ることに相当な時間と労力を割いていた。結局、彼女自身も自分の解決策が最善だと思っていないことが明らかになっただけだった。彼女の考えは間違っていた。ただそれを認めたくなかっただけだ。

彼女のような考えを抱く人は多い。自分の意見が正しくなければ、自分は価値のない人間に

＊ニューヨークで見ず知らずの人間の車に乗り込むのは、お人よしのカナダ人くらいだ。

なってしまうと思っている。私も同じように思っていた。彼女が私と同じ失敗を繰り返すことのないように、この誤ったマインドセットや誤った正解を信じたせいで私が支払った代償や教訓を話すことにした。

私もずっと最高のアイデアを出せなければ、自分の存在意義はないと思っていたんだ、と私は言った。私を貴重な人材だとか、洞察力があり、事業に貢献していると誰も思わなくなる。自分は正しいと思うことがアイデンティティになっていた。

経営者になって初めて、それがどれほど誤った考えだったかを悟った。自分が全責任を負ったうえで判断を誤るコストが高くなると、「誰が正しいか」より「何が正しいか」に意識が集中するようになる。自分が正しいことに固執しなくなると、以前より良い成果が出るようになった。自分が評価されることなどどうでもよくなった。大事なのは良い結果を出すことだけだ。

「あなたがこの会社の全株式を保有していて、これから100年売却できないとしましょう。その場合、どちらの解決策を選びますか?」と私は尋ねた。

長い沈黙の末に、彼女は答えた。

「自分のやるべきことはわかっています。ありがとうございました」

数カ月後、電話が鳴った。この女性だった。*

「驚かれると思うのですが、あなたのアドバイスのおかげでCEOになれました。苦渋の選択でしたが、ライバルの解決策を支持したのです。結局それがCEOに選ばれる決め手になりました。私が自尊心を抑えて会社にとって最善の選択をできる人間であること、そのためにCEOの座を争うライバルを支持することさえ厭わない様を見た取締役会が、私がCEOに適任であると判断したのです」

自信とは、誰が正しいかではなく何が正しいかに集中する強さ、現実に直面する強さ、過ちを認める強さ、自分の考えを変える強さだ。誤った正解にたどりつかないため、そして自尊心より結果を優先するために必要なのが自信だ。

＊みんなどうやって私の携帯電話番号を入手しているのか、いまだに不思議でならない。

第11章 強さの具体例

Strength in Action

自分に責任を持つ、自分を知る、自分をコントロールする、自信を持つ。いずれも優れた判断力を発揮するうえで欠かせないことだ。これらが組み合わさるとどんな効果を発揮するか、具体例を見ていこう。

事例1　常識に逆らう

情報機関で働く人は、たいてい定年まで勤めあげる。辞める理由がどこにある？　給与水準はすばらしく高く、インフレ連動型の年金制度もあり、しかも高邁（こうまい）な使命を帯びた組織はとびきり優秀で献身的な人材であふれている。

私が同僚の一人に退職する意思を伝えたところ、驚いた顔をされた。そしてさまざまなリスクを挙げ、すばらしい年金や福利厚生を失うんだぞと言った。同僚は私が失うものばかり見て、私が手に入れるもの（主に時間的自由）など見ていなかった。

私がこの仕事を辞めたのは、四つの強さが発揮された結果だ。私にはこれから先何が起こるか細かいところまではわからなくても、なんとかやっていけるという自信があった。自分はお金より時間のほうを重んじる人間だと知っていた。リズムを崩さず、日々起き上がる自制心、常に過去の自分を上回る成果を出すよう高い基準を設定する責任感もあった。

自分を知らなければ、どうすれば自分が幸せになるかもわからない。自信がなければ、情報機関を辞めることはなかっただろう。自分への責任感や自制心がなければ、何をすべきかわかっていても日々雑事に追われ、成長につながるような活動はしなかっただろう。

事例２　社会性デフォルト反応に抗う

これまでの経験から、あなたは社会的圧力に弱いことがわかっているとしよう。たとえばさまざまな場面で、押しの強い営業担当から欲しくもないモノを買わされてしまった、押しの強い同僚に頼まれて余裕がないのに仕事を引き受けてしまった、という具合に。今後も意志の力だけでこうしたトラブルを避けられるとはとても思えない。

そこで社会性デフォルト反応から身を守るため、予防策を講じることにした。マイルールを設定するのだ。何か重要な問題については、一日じっくり考えてから「イエス」と言う、と。

この策を実行するのは、あまり気分のよいものではない。誰かを一日待たせるのは気まずい。だが長期的には実行する価値がある。とても単純なようだが、よくある状況に自動的に適用されるルールを設けると、確かな効果がある。オートマチック・ルール（自動適用）については次章で詳しく説明しよう。

社会性デフォルト反応に抵抗するこの計画の実行には、ここまで述べてきた四つの強さすべてがかかわってくる。まず社会的圧力に弱く、それに抵抗する能力には限界があることを自覚するには、自分を知る必要がある。より良い結果を得るために、弱点の対策をするぞと決めるには、自信が必要だ。自分で決めたルールを守るには、自分に責任を持たなければならない。そして長期的メリットを得るために、短期的に日々のありふれた場面で不愉快な思いをすることに負けないためには、セルフコントロールが必要だ。*

社会性デフォルト反応に抗うには、四つの強さが全部必要だ。すべてが組み合わさったとき、自分はこれほどの成果を出せるのかとびっくりするだろう。ここからはそれぞれの強さを養う方法を見ていこう。

＊ ルールはルーティンを生み、そこから惰性が生まれる。こんな具合にトラブルのもとにもなる人間の本能も、使いようによってはプラスに働くのだ。

第12章 基準を定める

Setting the Standards

誰かと頻繁に交わるようになれば、（中略）相手と似通っていくのは避けられない。（中略）消えた炭を燃えている炭の隣に置けば、燃えているほうが消えるか、消えているほうが燃え出す。（中略）埃まみれの人物とつきあえば、自分も埃っぽくなっていくのは避けられないと肝に銘じよ。

――エピクテトス『人生談義』

どれから始めるにせよ、強さを養う最初のステップは自らに課す基準を引き上げることだ。具体的には、自分が日々身を置く環境にいる人々やその行いに目を向けるのだ。

私たちは環境に影響を受ける。物理的環境と人的環境の両方だ。人生において良からぬ人々を避けることほど重要なことはあまりない。自分にはまわりの人々の最も醜悪な部分をまねしない強さがあると思いたいところだが、たいていそうではない。

人は知らず知らずのうちに周囲に同化していく。嫌な人間の下で働いていれば、遅かれ早かれ自分も嫌な人間になる。同僚がみな自分勝手なら、遅かれ早かれ自分も自分勝手になる。不親切な人とつるめば、自分も徐々に不親切になっていく。人は少しずつ、自らを取り巻く人々の思考や感情、態度や基準を取り入れていく。変化はあまりにゆっくりなので、取返しのつかないレベルに達するまで気づくのは難しい。

周囲の人々に同化していくとは、徐々に彼らの基準を受け入れていくことにほかならない。**周囲に人並みの人間しかいなければ、あなたも人並みな基準で生きるようになる。しかし人並みな基準では、あなたの目標とするところには到達できないだろう。基準は習慣となり、習慣は結果となる。**傑出した成果を出すのは、たいてい人並み以上に高い基準で生きている人だということに気づいている人は少ない。

誰よりも成功している人は、他人に対してだけでなく自分に対しても誰よりも高い基準を課している。たとえば、かつて私が遠方の事業所に派遣されたときのことだ。会議で発言機会をもらい、軍事作戦のある側面について説明した。ほどなくしてこの分野のエキスパートとして知られる人物が私の話を遮り、「自分がろくに知らないことについて話すのはやめてもらえないか」と言った。彼は立ち上がると、同じテーマについて私が考えもしなかったほど詳細に説明しはじめた。会議が終わると、私は彼のオフィスを訪ねて話をした。「キミの職場のやり方は知らないが、ここでは自分が本当によくわかっていること以外は話さないというのがルールなんだ」と彼は説明した。

チャンピオンが超一流の基準をつくるわけではない。超一流の基準がチャンピオンをつくるのだ。*

一流のパフォーマンスをする人はもれなく基準が高い。運や才能では説明できないような成果を出すアスリートやチームを観察すると、高い基準にコミットしているのがわかる。アメリカのプロフットボールリーグ（NFL）で、ビル・ベリチックがコーチを務めたニューイングランド・パトリオッツほど20年間で多くの勝ち星を挙げたチームはない。しかもそんな絶対王者をつくらないようにNFLが選手報酬に上限を課して全チームの条件を平等にしているなかでそれを達成したのだ。オールスターにも選出され、コーナーバックとして右に出る者のいない存在だったダレル・リーヴィスがある日、ほんの数分練習に遅刻してきた。するとベリチックコーチは即座に追い返した。[1] 大声をあげたりはしなかったが、絶対に譲らなかった。リーヴィスだからといって特別扱いはしなかった。他のチームはスタープレーヤーが何をしても目をつぶるかもしれないが、それはベリチックの知ったことではない。リーヴィスがニューイン

* このくだりは次のビル・ウォルシュの言葉から着想を得た。「チャンピオンはチャンピオンになる前からチャンピオンのふるまいをする。勝者になる前に、勝者となるパフォーマンスの基準を持っている」

グランド・パトリオッツのメンバーである以上、チームの高い基準に従わなければならない。優れた教師ほど、生徒にも自分自身にも求める水準が高い。そしてたいてい生徒はそうした期待に応える。優れたリーダーほど部下に求める水準が高い。自分自身に課すのと同じ基準を、部下にも課すのだ。他の人々があり得ないと思うほど高い基準だ。

優秀だが基準の低い人

リーダーが凡庸な結果しか残せないか傑出した結果を出せるかは、優秀だが本来怠け者の部下たちに、一貫して高い成果を出させられるかどうかで決まることが多い。私もかつてそんな部下を持ったことがある。リーダーに昇進したばかりだった私に、この部下は企画案を送り、「ご指導とフィードバックをお願いします」と言ってきた。企画案はひどい内容で、明らかな欠陥もたくさんあった。全力でつくった資料ではないのは明らかだった。私にはそれがわかったし、彼にもわかっていた。

大きな組織で働いている人には、同じような経験があるはずだ。誰かが適当に考えた生半可な文書を周囲に送り、みんなに直してもらおうとする。他人の間違いを指摘したいという、誰もが持つ欲求を利用した戦術だ。他人が失敗すると、私たちは「こうすればいいんだ」と口を出したくなる。こうして周囲が仕事をし、本来仕事をすべきだった人間はごくわずかな時間しかかけずに手柄を手にする。賢い。でも手抜きだ。

私はこの部下の代わりに一晩かけて（あるいはこれからずっと）企画案を修正してやるつもりはなかった。なんとか彼の行動を変えなければならない。でも、どうすればいい？

そこでヘンリー・キッシンジャーにまつわるエピソードを思い出した。ある部下が文書を作成し、キッシンジャーに読んでもらおうと机に置いておいた。しばらくするとキッシンジャーがやってきて、これが君のベストか、と尋ねた。スタッフは「違います」と答え、文書を全面的に書き直した。翌日スタッフは再びキッシンジャーと顔を合わせたので、文書の出来はどうかと尋ねた。するとキッシンジャーは再び、これは君のベストか、と尋ねた。スタッフはまたしても文書を全面的に書き直した。翌日、まったく同じやりとりが繰り返され、今度は哀れなスタッフは「はい、これが私のベストです」と答えた。するとキッシンジャーは言った。「よし、今度は読むとしよう」

私はキッシンジャーのやり方を拝借することにした。部下の送ってきたメールに「これが君のベスト？」とだけ返信したのだ。

部下は「違います」と返信してきた。そして考えを整理したいので数日猶予をもらえませんか、と聞いてきた。数日後、「劇的に改善したと思います」と、文書を再び送ってきた。私はファイルを開けもせず、同じ一文を返信した。

「はい、これが私にできるベストです」と部下は答えた。

目を通すと、すばらしい出来栄えだった。こうして部下にどれほどの実力があるかがわかり、部下にも私が彼の実力を知っていることがわかったので、「今後は常にこの出来栄えを期待しているよ」と伝えた。基準ははっきりした。以後、彼に失望させられることは二度となかった。

なぜ基準を低くするのか

私たちが基準に満たない仕事でも妥協してしまうのは、たいてい「どうでもいいや」と思っているからだ。「それなりにできている」「時間的制約を考えれば上出来」と自分に言い聞かせる。だが実際には、少なくともその仕事についてはエクセレンス（卓越した成果）にコミットしていないのだ。

他者が提出してくる基準に満たない仕事を受け入れるのも、同じ理由からだ。全身全霊で仕事に取り組んでいない。エクセレンスにコミットしていれば、チームメンバーにも生半可な仕事は許さない。自ら高いハードルを設定し、一緒に働く人全員に自分と同じように真剣に働いて、期待以上のレベルに到達することを望む。わずかでも期待に届かないものは断固拒否する。

張瑞敏（チャン・ルエミン）がハイアールの前身である山東省青島市の冷蔵庫工場のCEOに就任したとき、工場は閉鎖の瀬戸際にあった。新たに部下となった従業員に明確なシグナルを送るため、張は全員を工場の外に集合させ、基準に満たない76台の冷蔵庫を大ハンマーで打ち砕く様子を見せた。この大ハンマーは自分が会社に期待する高い基準の象徴として、任期中ずっと取締役会議室のガラスケースに展示していた。[2]

エクセレンスにはエクセレンスが必要

さまざまな専門分野でプロと呼ばれる人々は、「済」のボックスにチェックマークを入れてさっさと次へ進もうとはしない。自らの仕事に全身全霊をかけ、それを持続する。達人級の仕事には異常と思えるような高い基準が必要で、達人とは凡人にあるべき基準を示す存在だ。コミュニケーションの達人は、冗長で要領の得ないメールを容認しない。プログラミングの達人は醜悪なコードを容認しない。どちらも説明が不明瞭なのは、本人が問題を理解していないためだと考える。

自らに課す基準、そして「何が可能であるか」の基準を引き上げなければ、何においても卓越した成果を出すことなど不可能だ。そう聞くと、大変なことだと思う人が多いだろう。私たちは穏やかに、現状に満足する生き方に引きずられていく。楽にやっていきたいと願う。それはそれで構わないが、一つはっきりさせておこう。他人と同じことをやっていれば、他人と同じ結果になる。他人とは違う結果を手に入れたければ、基準を引き上げるしかない。

達人と一緒に仕事をするのが最良の教育だ。それが基準を引き上げる一番確実な方法である。達人はエクセレンスを追求するために、あなたにもエクセレンスを要求する。ただそんな機会に恵まれる幸運な人はまれだ。とはいえ諦める必要はない。達人と直接一緒に働く機会がなくても、彼らやその仕事ぶりについて書かれた文献を読むことで、自分のまわりを高い基準を持つ人々で固めることはできるのだ。

第13章 ロールモデル＋実践

Exemplars + Practice

基準を引き上げて強さを養うためには、二つの要素が必要だ。

（a）正しいロールモデルを選ぶ。あなたの基準を引き上げてくれる人々だ。一緒に仕事をする人でもいいし、あなたが尊敬する人、あるいははるか昔の偉人でもいい。どこから選ぶかは重要ではない。重要なのはスキル、特徴、価値観など特定の分野であなたを向上させてくれることだ。

（b）正しい実践法に従い、ロールモデルのまねをする。ロールモデルとする人が今のあなたの立場に置かれたらどうするか、ひと呼吸おいて考える時間を確保し、それに従って行動する。

一つずつ見ていこう。前章では、大方の人が考えもしないような問題を提起した。自分の人生にかかわる人間を自らキュレート（取捨選択）しないと、周囲にいるのはあなたが選んだ人ではなく、たまたま居合わせた人ばかりになってしまう。両親、友人、親戚、同僚などだ。もちろん高校の同級生がすばらしい人格や識見を備えていることもあるだろう。ただ、たいていの同級生は凡庸だ。たぐいまれな経営者を親に持つ人もいるかもしれないが、たいていの親はそうではない。ただし親や同級生をあなたの人生から排除しろ、と言っているわけではない。環境をコントロールするというのは、要するにあなたを取り巻く人のなかに意識的にロールモデルとなる人を加えていくということだ。

あなたのロールモデル

あなたのロールモデルを見れば、あなたの未来が見える。

情報機関で働きはじめた頃、私が尊敬していたのが同僚のマットだ。オペレーティングシステムがどのように動くかを誰よりも熟知していて、それを上手に利用する方法もやまほど知っていた。何よりマットについて印象的だったのが、おそろしく高い基準を持っていたことだ。マイケル・ジョーダンと同じように、マットは生まれ持った才能を一流の勤勉さと組み合わせていた。そして完璧さを要求した（超一流になるのも当然だ）。

マットのまわりでは、本当に自分が熟知していることしか口にできなかった。さもなければ訂正されてしまう。マットはチーム全体の基準を引き上げていた。誰よりも熱心に働いていただけでなく、複雑な問題に常に目の覚めるような解決策をひねり出した。マットはロールモデルだった。模範となる生き方を体現し、何が可能であるかを周囲に示していた。

私は運に恵まれた。凡庸な上司の下に配属される可能性もあったのに、天はマットを上司にしてくれた。ただ重要なのは、運に頼る必要はないということだ。ロールモデルとなるような人物の下で働きたいと祈る代わりに、誰のふるまいをまねるか、誰をロールモデルとするかは自分で選ぶことができる。

ロールモデルを正しく選べば（自分より高い基準を持っている人）、親、友人、知人から与えられた基準を超えることができる。ロールモデルはどのような基準を自らに課すべきか示してくれる。かつてピーター・カウフマンは私にこう語った。「私が人生で成功した要因として最も大きいのは、他者の優れた手本を研究し、取り入れてきたことだ」

この知恵は、はるか昔から存在してきた。ローマ帝国の政治家・哲学者のセネカはルキリウスへの書簡で、生きていくうえで基準となるロールモデルや手本を選べ、と説いている。

> 人には尊敬できる者が必要だ。その威光によって、自らの内なる神殿までが一段と輝くような者だ。（中略）その相手を思い出すだけで心が鎮まり、進むべき道が示されるほど誰かを尊敬できる人は幸せだ！　このように他者を尊敬できる人は、すぐに自らも尊敬される人物になる。だから賢者を、あるいはそれが厳しいと思うならラエリウスのような穏や

かな人物を選べ。生き方や言葉が優れていると思う者、外面的行動が内面的人格と一致する者を選べ。その人物を常に自らの守護者あるいは模範とせよ。自らの生き方を評価する基準となる人物が必要だと、私は主張する。ものさしがなければ、曲がったモノをまっすぐに戻すことはできない。[1]

ロールモデルに選ぶ人は、自分が身につけたい原理原則、決意、そして思考、感情、行動の全体的パターンを体現する人物だ。その手本が、この世界を生き抜いていく支えになる。自分の北極星になるのだ。

大方の人はマットの基準を採用しようとしなかった。あまりに厳格だからだ。だが努力を厭わない者にとって、マットは身近に潜むエクセレンスへの近道だった。正規分布の右端に位置する人々（プラスの異常値）は、ふつうなら学ぶのに一生涯かかるような秘訣、裏技、洞察を与えてくれる。大変な部分は彼らが引き受けてくれた。授業料は彼らが払ってくれたので、私たちが払う必要はない。マットから学び、その基準を満たそうと努力することで、私はふつうよりかなり迅速に一人前の仕事ができるようになった。

周囲を見渡し、あなたが身につけたい特徴を備えている人、あなたが理想とする行動がデフォルトになっている人、あなたにもっと基準を引き上げ、もっと優れた人間になりたいと思わせてくれる人々を探そう。

ロールモデルは生きている人でなくてもかまわない。すでに亡くなった人、架空の人物でもいい。アティカス・フィンチ〔小説『アラバマ物語』の主人公〕やウォーレン・バフェット、チンギス・カンやバットマンなど、誰もが学びを与えてくれる。誰を選ぶかはあなた次第だ。

自分だけの取締役会

ロールモデルを集めて「自分だけの取締役会」をつくろう。これは作家で『ビジョナリー・カンパニー』著者のジム・コリンズが提唱した概念だ。

1980年代初頭に、私はビル(・ラジアー)を自分の個人的な取締役会の会長に据えた。そしてメンバーを選ぶときに(中略)基準としたのは、どれだけ成功しているかではない。価値観や人格を基準に選んだ。(中略)あの人を失望させたくないと私が思うような人たちだった。[2]

自分だけの取締役会のメンバーとなるロールモデルは、優れた業績をあげた人と優れた人格の持ち主をミックスしてもいい。唯一の条件は、あなたが身につけたいスキル、態度、気質を備えていることだ。完璧な人である必要はない。誰にだって欠陥はあり、あなたの取締役も例外ではない。しかし取締役会に名を連ねる誰もが、何らかの領域において自分より優れている。それが何かを考え、他の部分には目もくれずにその優れた部分だけを学習しなければならない。

多くの人が犯しがちな過ちは、人格に難がある人、あるいは自分とは意見の異なる人からは学ぼうとしないことだ。セネカが『心の平静について』のなかで「下手な作家が書いたものでも、その一文が優れているなら堂々と引用すればいい」と書いたのはまったく正しい。あるいは古代ローマの政治家マルクス・ポルキウス・カト・ケンソリウスもこう書いている。「他者から学ぶことを拙速に拒絶しないように気をつけよ」[3]。皮に傷があるからといってリンゴを捨ててはいけない。

自分だけの取締役会のメンバーは固定的ではない。入れ替わりはある。メンバーリストは絶えず見直すべきだ。『ゴッドファーザー』に話を戻すと、平時のコンシリエレ（相談相手）が必要なときもあれば、戦時のコンシリエレが必要なこともある。誰かから吸収できることはすべて吸収してしまったら、別の誰かと差し替える。たいていそれぞれの取締役が、次に迎えるべき人を示してくれるはずだ。

その道の達人には他人と違う基準がある。たいていそれは優雅で美しい。取締役会に達人をそろえると、あなた自身の基準も上がる。それまで十分だと思えた基準が、そう思えなくなる。

私のロールモデルの一人が、ウォーレン・バフェットのビジネスパートナーである大富豪、チャーリー・マンガーだ。チャーリーは「意見を持つこと」において私の基準を引き上げてくれた。あるディナーの席で、こう言ったのだ。「どんな事柄についても、反対の立場の主張を当人たち以上に理解するまで、自分の意見は持たないと決めているんだ」

基準を引き上げるとは、まさにこういうことだ。自分の意見を持っている人は多いが、そのために必要な労力をかける人はほとんどいない。ここでいう労力とは、反対意見を持つ人々よりも激しく、自分自身と議論できるようにすることだ。両方の立場に立って議論できるようにするには、自分自身の考え方に疑問を持たなければならない。それだけの労力をかけて初めて、一つの見解を本当に理解できるのだ。支持する理由、支持しない理由が両方わかる。その営みを通じて、初めて自信を持ってその見解を支持できる。[4]

自分のヒーローと一緒に働くこと以上に優れた学習法はない。誰かと直接顔を合わせて仕事をするメリットは、自然に対話が生まれ、単なるロールモデルを超えたコーチングの関係になることだ。個人的な関係ができれば、必要なときに連絡をとるなど、助けを求めることもできる。ただ憧れの人物と一緒に働くことが常に可能とは限らない。それでもまわりにいる人を誰彼構わず受け入れる必要はない。

ポケットにスマホがあれば、まだ存命中か否かにかかわらず、地球上にこれまで存在した最も有能な人々にアクセスできる。直接の知り合いではなくても、彼らが自分の言葉で語るのを（編集なしに！）聞けることも多い。この点について、しばし考えてみよう。人類史上初めて、私たちは誰の手も介さず、ロールモデルが自分の言葉で語るのを聴くことができるのだ。[*]

あなたのヒーローが史上最も成功した会社の一つであるショッピファイ創業者のトビ・ルークなら、インターネット上には彼のインタビューが無数にある。師匠の足元に座り、彼がどのように考え、どのように意思決定をし、どのように会社を運営しているか語るのを聞き、学ぶことができる。同じことがピーター・D・カウフマン、ウォーレン・バフェット、ジェフ・ベゾス、アメフト選手のトム・ブレイディ、体操選手のシモーネ・バイルズ、テニス選手のセレーナ・ウィリアムズ、あるいは競泳選手のケイティ・レデッキーについても言える。

歴史上の偉人から選ぶこともできる。物理学者のリチャード・ファインマン、初代アメリカ大統領のジョージ・ワシントン、第18代フランス大統領のシャルル・ドゴール、イギリス大統領を二度務めたウィンストン・チャーチル、ファッション・デザイナーのココ・シャネル、投資家のチャーリー・マンガー、科学者のマリー・キュリー、第16代ローマ皇帝のマルクス・アウレリウス。いずれも自分だけの取締役会への招待をいつでも受けてくれる。あなたに必要なのは、ベストメンバーを選び、心のなかで一つにまとめることだ。哲学者モンテーニュもこう語っている。「私はほかの人々の花を集めて花冠をつくっただけで、それをつなぎあわせる紐以外に私のものは何もない」[5]

自分だけの取締役会があれば、決してひとりぼっちにはならない。彼らは常にともにある。意思決定をするときや「ここぞ」という場面では、常に彼らに見られていると意識するといい。彼らに見られていると思うと、あなたの行動はきっとこの新たな聴衆を反映するようになるだろう。あなたが目標とする基準を設定するのを助け、自らを評価するものさしを与えてくれる。

＊ 最近では本ですら編集者というフィルターを通すようになった。かつてはフィルターを介さずに本を出版できた時代もあったという意見もあるだろうが、ここで私が言わんとしていることはわかるだろう。

基準を満たせなかったとしても、あなたは敗残者ではない。ベストセラー本を書けなくても、大富豪になれなくても、あるいは毎日ジムに通うことができなくても。ロールモデルと競争するわけではない。唯一の競争相手は昨日の自分だ。昨日より少しでも向上することが勝利なのだ。

優れた行いのストックをつくる

正しいロールモデルを選ぶと、「優れた行い」のストックができる。ロールモデルの書いたものを読み、対話し、彼らの経験から学ぶなかで、そして自分自身の経験から学ぶなかで、さまざまな状況とそれへの対応を集めたデータベースを構築していく。このデータベースづくりほど大切なものはない。というのも、それは人生において考える刹那（せつな）をつくるのに役立つからだ。反射的に反応するのではなく、また周囲の行動を無批判に模倣するのではなく、「傑出した人ならこうする」と考える時間だ。

あなたが初めての状況に直面したとき、正規分布の右端に位置する人々が同じような状況でどう行動したか、という対応法のデータベースがある。それによって自分にとってふつうの反応が「良い」から「最高」に、すなわち「反射的反応」から「合理的思考」へと変化する。

自分だけの取締役会は、本能に抗い、あなたを正しい方向に引っ張ってくれる。

取締役会が高潔な人格者そろいなら、自分もできるかぎり高潔な人格者になりたいと思うようになる。倫理観を貫くことができ、社会の潮流が誤った方向に向かっても自信を持って孤独な闘いを続けられるだろう。潮の満ち引きに受動的に従う必要はない。自分だけの取締役会が、ベストな方向に向かって泳ぐ勇気と知恵を授けてくれる。

ロールモデルについて、最後にひと言。他の人々があなたの取締役会のメンバーになるように、あなたも他の人々の取締役会のメンバーになる。俳優のデンゼル・ワシントンがそれをこう表現している。「自分が誰の人生に触れるかはわからない。自分がいつ、どんなふうに他者に影響を与えるか、他の誰かのロールモデルとしてどれだけ重要な存在になるかわからない」[6]

近くの部署に入ったばかりの新入社員かもしれない。あなたの子どもかもしれないし、いとこかもしれない。それが誰かは重要ではない。重要なのは、誰かがあなたを尊敬し、あなたの行動を自らの北極星にしているという事実だ。あなたの一挙手一投足には、他の誰かの人生を良い方向に変える力がある。セネカの言うとおりだ。「その場にいるときだけでなく、その人を思うだけでみなが襟を正す。そんな人は幸いである」[7]

練習あるのみ

人格の強さは習慣から生まれる。（中略）私たちはそれを、技能を習得するのと同じように習得する。（中略）たとえば大工は建物をつくることにより大工になり、ハープ奏者はハープを奏でることでハープ奏者となる。同じように、正しくふるまうことで正しくなり、温和にふるまうことで温和になり、勇敢にふるまうことで勇敢になる。

——アリストテレス『ニコマコス倫理学』第二巻第一章

ロールモデルを選び、自分だけの取締役会を集めるだけでは不十分だ。彼らの手本に従わなければならない。それも一度や二度ではなく、何度も繰り返すのだ。そうして初めてロールモデルの体現する基準を内面化することができ、あなたがなりたい人間になれる。

ロールモデルを模倣するためには、時間的スペースを確保し、自らの思考、感情、行動の選択肢を評価するために合理的思考を実践しなければならない。それを通じてロールモデルの行動パターンに近づくように、過去の自らの行動パターンを修正していく。

合理的思考のためのスペースをつくる方法のひとつが、ロールモデルが今のあなたの状況に置かれたらどうするかと自問することだ。それが自然と次の行動になる。ロールモデルがあなたを見つめていると想像しながら、決定を下し、実行に移す。たとえば投資判断をするときには、「ウォーレン・バフェットならどうするか」と自問する。同じように「このアイデアを自分だけの取締役会に売り込むなら、どうするか。彼らはどんな要因を気にかけるだろう。どんな要因を重要ではないとして切り捨てるだろう」と自問してみよう。

ロールモデルが見つめていると思ったら、彼らがあなたに期待するであろうことをすべてやり、反対しそうなことを避けるだろう。

このような思考トレーニングを頻繁に実践することが重要だ。新しい思考、感情、行動のパターンが身につくまで、継続しなければならない。新しいパターンが第二の天性になるまで、単なる理想ではなく自分の一部になるまで練習を続けよう。

強さを養う一つの戦略が、砂場で練習を積むことだ。もちろん、ここで言う砂場とはモノのたとえで、どんな失敗をしても比較的影響は軽く、簡単にやり直せるような状況を指す。砂場ではコストを抑えつつ、失敗し、そこから学ぶことができる。砂場で練習を積むことで、もっと重要な、重大な結果を伴う、挽回の難しい状況で成功する確率が高くなる。

新米管理職が任されるのはたいてい組織全体ではなく部下一人、あるいは小さなチームなのは、失敗してもリスクが小さいからだ。これは砂場の一例だ。一つのチームだけを管理するのと比べて、組織全体の運営は失敗のコストが大きく、対応は困難になる。

本番の経験に代わるものはないが、それでも砂場によって練習段階で必然的に起こる失敗の悪影響は抑えられる。情報機関では作戦前に必ず、失敗しても安全な環境で練習やリハーサルをする。練習を本番のように扱い、作戦中に計画しているすべての項目を実施し、想定しうるありとあらゆる状況を予測し、対応しようとする。計画どおりにいかないことがあれば修正する。ときには失敗する。だが作戦本番での失敗には人命という代償が伴うのに対し、砂場での失敗は現実の被害をほとんど引き起こさずに学習の機会をもたらす。

第3部

弱さをコントロールする

Managing Weakness

ほかの人々を責めるのをやめ、
自分がコントロールできることに集中すると
生きるのが楽になる。

―― ジェームズ・クリアー

人生の主導権をとるとは、一つには自分にできることをコントロールすることだ。もう一つは自分にできないこと、すなわち弱点や弱さを管理することだ。

再びコンピュータのたとえで考えてみよう。プログラミングはある程度変更できる。たとえば感情や社会的圧力、自尊心への脅威に対する反応をプログラミングしなおし、既存のアルゴリズムを修正できるケースもある。アルゴリズムの上書きは、強さを養う優れた方法だ。

ただ有害なアルゴリズムのなかには上書きできないものもある。生物的本能は変更できない。人間が生まれ持った本能は、どんな手を尽くしても変えられない。ただし変更できないからと言って、管理できないわけではない。有害な影響を緩和あるいは封じ込めるような新たなサブルーチンを、人生というコンピュータにプログラミングすればいいだけの話だ。このようなサブルーチンを追加するのが、弱さを管理する方法である。

第14章 弱点を知る

Knowing Your Weaknesses

誰にでも弱点はある。その多くは生物として生まれ持ったものだ。たとえば人は空腹、喉の渇き、疲労、睡眠不足に弱く、感情的になったり、注意散漫になったり、ストレスに押しつぶされそうになったりする。いずれの状態もクリアな思考ではなく反射的反応を促し、人生の決定的瞬間を見逃す原因となる。

また私たち一人ひとりの視野には限界がある。目に入るものや知識には限界がある。それに加えて、知識がなくても判断を下し、意見を形成する習性がある。自己保存、集団への帰属、序列化、縄張り意識といった本能が、自分や周囲の人々を傷つける誤った判断を引き起こすことはすでに見てきた。

生物的本能以外にも弱点はある。習慣を通じて身につき、惰性の結果、定着するものだ。行動と結果の間にタイムラグがあると悪い習慣は身につきやすい。今日チョコレートを食べたり、ジムに行くのをさぼったりしても、突然健康体から不健康になるわけではない。残業して1、2回家族との夕食をふいにしても、すぐに関係が壊れるわけではない。今日一日、仕事をする代わりにSNSを見て過ごしても、すぐにクビになるわけではない。だがこうした選択は反復を通じて習慣となり、積み重なると最悪の事態につながる。

いくつかのささやかなミスを繰り返すのは、大失敗の前触れだ。すぐに結果がわからないからと言って、重大な結末が訪れないわけではないのだ。どんな結果が起こりうるのか、賢いあなたにはわかっている。ただ、それがいつ起こるのか、はっきりわからないだけだ。良い選択を積み重ねれば時間を味方につけられるのと反対に、悪い選択を積み重ねれば時間は敵になる。*

先天的弱点の例	後天的弱点の例
空腹 喉の渇き 疲労 睡眠不足 感情 集中力の欠如 ストレス 視野の限界 認知バイアス	感情にもとづいて衝動に行動する 手抜きをする 不安から新しいことを始めるのを拒絶する 自分の立場からしかモノを見られない 才能にあぐらをかいて努力しない

あなたの弱点がどのようなものか、また先天的か後天的かにかかわらず、きちんと管理しなければデフォルトに人生の主導権を奪われる。しかもたいていその事実にすら気づかない。

弱点をコントロールする二つの方法

弱点を管理する方法には二種類ある。一つは強さを養うことで、これは後天的弱さを克服するのに役立つ。もう一つはセーフガード（安全装置）を準備することだ。それは強さだけでは克服するのが難しいさまざまな弱さを抑えるのに役立つ。それに加えて、セーフガードは生物的制約など、克服することが不可能な弱点を制御するのにも役立つ。

第2部では、強さを養うことで後天的弱さは克服できることを見てきた。たとえばセルフコントロールを身につければ、感情に振り回されて衝動的に行動し、後悔するのを防ぐことができる。自信を養えば、惰性を克服し、困難な決断を下すことができる。社会的圧力をはねのけ、多数派に抗う強さが生まれる。自信は自尊心を抑え、自らの欠点を認め、より良い行動、より良い人間に向けて歩みだす力をくれる。

先天的弱点を管理する方法	後天的弱点を管理する方法
セーフガード	強さ＋セーフガード

思考の死角

私たちの抱える弱さの一つが、知りうることの限界、つまり「死角」だ。知覚に死角があることは誰でも知っている。一定の距離を超えたところにあるモノ、十分な明かりがない環境でははっきりモノを見ることはできない。聴覚にも死角はある。一定の音量、あるいは一定の高さ以上の音は聞きとることができない。

知覚と同じように認知、すなわち思考や判断の能力にも死角がある。自然淘汰を経て人間が受け継いだ認知能力は、最大限の正確さよりも生存と生殖の機会を最大化するようにデザインされている。むしろ一部の認知能力は正確性など眼中になく、生存と生殖の可能性を脅かす重大な脅威を避けるために存在する。

たとえばウサギは相手が本当に深刻な脅威ではなくても「脱兎のごとく」逃げる。こうした習性があるのは、進化の観点からみれば後悔するより安全を優先するほうが良いからだ。生存という目的に照らせば、偽陰性のコストは偽陽性のそれよりはるかに高い。人間の認知バイア

＊ 作家のジム・ローンは「失敗の一つの定義は『日々いくつかの判断ミスを繰り返すこと』だ」と語った。そして同じく作家のジェームズ・クリアーの名著『ジェームズ・クリアー式複利で伸びる1つの習慣』の内容をひと言でいえば「良い選択を積み重ねれば時間を味方につけられるのと反対に、悪い選択を積み重ねれば時間は敵になる」だ。

スの多くも同じような仕組みで動く。生存と生殖の機会を高める行動を促し、機会を損なう行動から遠ざける。

たとえば集団に迎合する、限られた情報をもとに迅速に行動を起こすといった行為は、どちらもご先祖様から見れば生存につながる有意義なものだ。だがどちらの習性も判断ミスを招いたり、死角をさらに増やしたりするリスクがある。

死角を知るだけでは不十分

自分のバイアスや死角が何か、知っているだけでは不十分だ。それらを管理するための手を打たなければならない。さもないとデフォルトに主導権を奪われる。

死角のなかには、視野の狭さに起因するものもある。ある状況について一人ですべての角度から検討することは不可能だ。ポーカープレーヤーの例を考えてみよう。誰がどのカードを持っているか、完全に把握しているプレーヤーならミスはしないだろう。だが現実にはプレーヤーは自分の手札と、表を向けて配られた札しか見ることはできない。他のプレーヤーの手札がわからないからこそミスを犯す。

ポーカーであれ、なんであれ、他の人々が特定のふるまいをする理由は想像するしかないが、最も重大な死角は自分自身の弱点についてであることが多い。物理学者リチャード・ファインマンの有名な言葉がある。「第一の原則は自分自身を欺かないことだ。そして一番欺くのが簡単なのも自分なのだ」[1]

私たちが自らの弱点に気づかないのには主に三つの理由がある。

一つめは、こうした欠陥は私たちが慣れ親しんだ思考、感情、行動パターンの一部だからだ。習慣化という長いプロセスを経て、欠陥のある行動はしっかり埋め込まれてしまった。理想とする姿にそぐわなくても、私たちの人格の一部になっている。

二つめは、自分の欠陥に目を向けると自尊心が傷つくからだ。欠陥が深く埋め込まれている場合は特にそうだ。技術的スキルが不足しているといった弱点とは異なり、セルフイメージについて審判が下るような気になるからだ。人にはセルフイメージについて縄張り意識のようなものがあり、それを傷つけるような情報は切り捨てる傾向がある。

三つめは、視野が限られているからだ。自分が所属するシステムを理解するのは非常に難しい。今あなたが16歳だった頃の自分を振り返り、「いったい何を考えていたんだろう」と不思議に思うのと同じように、未来のあなたは現在のあなたを見る。現在のあなたの目には、未来のあなたには見えているものが映らない。

視野の限界や人間の本能によって自分の欠陥に気づくのは難しいが、他者の欠陥を見つけるのは簡単だ。とりわけ同僚や友人の弱みや強みについてはエキスパートと言える。しかし周囲にも同じように自分の姿がはっきり見えていることを認めるのは難しい。周囲から自らの弱点についてフィードバックを受けるのは、向上し、本当になりたい人間に近づくための絶好の機会だ。それを賢明に活用しよう。

視点を変えて蘇った駆逐艦ベンフォールドの死角

アメリカ軍のミサイル駆逐艦ベンフォールドのエピソードは、死角をどのように認識し、克服すべきかについて重要な示唆を与えてくれる。[2] ベンフォールドは海軍のなかで最もパフォーマンスの悪い軍艦の一つだった。1996年に太平洋艦隊で就役した同船は、当時として最先端のミサイルやテクノロジーを備えていた。レーダーシステムは80キロメートル先の鳥までも追跡できるほど高性能だった。ベンフォールドのミッションは常に戦闘準備を整えていることだったが、常に問題を抱えていた。

代々の指揮官はいずれもすばらしい軍歴の持ち主だったが、どうしてもベンフォールドのパフォーマンスを改善することができなかった。戦艦のパフォーマンスは突き詰めると技術ではなく乗組員で決まる。

リーダーにとって何より重要なのは、乗組員の能力を最大限引き出すことだ。それに必要なのは、潜在能力を発揮する妨げとなっている要素を取り除くことである。世界最先端の技術を搭載していても、それを使いこなすはずの人々にやる気がなければ宝の持ち腐れだ。

ベンフォールドの運命はマイケル・アブラショフが指揮官に任命された日を境に変わった。海軍から初めて洋上での指揮権を与えられたこの日、アブラショフは30代半ばだった。「この機能不全に陥った軍艦の乗組員は、配属先に不満を抱き、早く海軍を除隊したくてたまらない者ばかりだった」と当時を振り返っている。だがそれから20カ月も経たないうちに、アブラショフはベンフォールドを海軍で最もパフォーマンスの良い軍艦の一つに変貌させた。しかも息の詰まるような階層組織のなかでそれをやってのけたのだ。

いったいどうやったのか。

注目すべきは、アブラショフが何をしなかったかだ。誰ひとり解雇も降格もしなかった。階層組織に変更も加えなかった。技術面にも手は加えなかった。唯一本当に変えたのはアブラショフ自身だ。まず自分の潜在的な死角を把握し、乗組員の視点から世界を見た。

指揮官になって間もなく、アブラショフは船上で毎週日曜日の午後に行われていたバーベキューの様子を観察した。そして水兵たちが自分の番が来るまで長い列に並んでいる一方、士官たちが列の先頭に割り込んでいち早く食事を受け取っていることに気づいた。それだけではない。士官たちは食事を受け取ると、水兵たちとは異なる専用のプライベートデッキに移動して食べていた。あなたがベンフォールドの水兵で、上司が自分の前に割り込んでくるのを想像してみてほしい。そこからどんなメッセージを受け取るだろうか。あなたなら全力で任務に打ち込もうと思うだろうか。船のために役立つアイデアを考えようと思うだろうか。

「士官たちが悪い人間だったわけではない。それが当たり前だと思っていたのだ。船ではずっとそうした状況が続いていたのだから」とアブラショフは振り返る。

アブラショフは士官たちのところに行って、どうふるまうべきか指図しようとはしなかった（それは典型的な指揮統制型のアプローチだが、長期的にはまずうまくいかない）。自ら列の最後尾に並んただけだ。
兵站(へいたん)士官がやってきて「こんなところにいらしてはいけません、列の先頭に行ってください」と声をかけても、「そんなことをするのが正しいとは思えないね」と言って肩をすくめた。アブラショフは列に並び、食事を受け取ると、水兵たちと一緒に座って食事をした。次の週末のバーベキューでは誰もがきちんと列に並び、一緒に食事をした。一つの命令も発せられることなしに。

アブラショフは最初から、部下に命令するだけではその行動を改善できないことを知っていた。うまくいったように見えても、結果は長続きせず、弊害は大きい。それは軍艦でも工場でも同じだ。指揮統制によって社員に知恵、知識、スキルを発揮させることはできない。「従業員が責任感を持って働く組織を見せてくれ。そうしたらライバルに勝利できる組織を見せてあげられるから」とアブラショフは語った。「船長は乗組員の視点から船を見る必要がある。乗組員が自らの意見やアイデアを表明しやすく、またそれが報われる環境をつくらなければならない」[3]

自分が見ている世界こそが正しい姿だと思っていると、思考に欠落が生まれる。視点を変え、他の人々の視点から状況を見ることができて初めて、自分が何を見落としていたか気づく。自分自身の死角を理解し、それまで見えていなかったものが見えるようになる。

第15章 セーフガード戦略で自分を守る

Protecting Yourself with Safeguards

私たちの体内には優れた判断を妨害する生物的弱点が組み込まれている。睡眠不足、空腹、疲労、感情、注意力の低下、時間に追われているときに感じるプレッシャー、不慣れな環境にいる不安などはそのごく一部だ。ときどきこうした状態に陥るのは仕方がない。しかしそうなった場合でも、セーフガードを備えておけば自らを守れる。

セーフガードは自分自身から、すなわち克服するための強さを持ち合わせていないような弱さから自分を守る手段だ。

簡単な例を挙げよう。あなたがより健康な食生活を送りたいと思っているとする。しかし不健康な環境で生活していれば（冷蔵庫やパントリーにジャンクフードが詰まっているとか）、これはとても困難になる。家中のジャンクフードを始末する、というのがセーフガードだ。空腹を感じたり退屈していたりするときに、ついポテトチップスの袋を開けてしまうといった行為から自らを守ることができる。それでも店まで出かけて行ってポテトチップスを買ってくることはできるが、かなりの手間がかかる。そのためには思考、計画、行動しなければならない。それだけのステップを踏む間に、他の選択肢をじっくり考え、健康的食生活という目標に合致した別の食べ物を選ぶかもしれない。

家からジャンクフードを一掃するというのは、長期目標に反する行動の大きな「抵抗」というセーフガード戦略の例だ。ただセーフガード戦略にはたくさんの種類がある。私のお気に入りは予防だ。自分自身にルールを課す、チェックリストを作成する、思考の枠組みを変える、見えないモノを見える化する、といったことだ。戦略を一つひとつ見ていこう。

セーフガード戦略① 予防

一つめのタイプは、問題が起こる前に予防するセーフガードだ。たとえば不利な状況で意思決定をしないことだ。ストレスは誤った判断を誘発する大きな要因とされ、じっくり考えるプロセスをショートさせることがいくつかの研究で示されている。優れた意思決定に必要な、さまざまな代替案を体系的に評価するプロセスを妨害するのだ。[1]

アルコホリックス・アノニマス（アルコール依存者更生会）は、メンバーに「ＨＡＬＴ」と呼ばれるセーフガードを教える。空腹（Hungry）、怒り（Anger）、孤独（Lonely）、疲労（Tired）の頭文字をとったもので、「一杯飲みたい気分になったら、いずれかが原因ではないか自問してみよう」と言う。もしそうならば酒に手を伸ばすのではなく、空腹、怒り、孤独、疲労という本当の問題に対処しよう、と。

HALTの土台となる考え方は、意思決定全般のセーフガードとして応用できる。**重要な意思決定をするときには、まず「自分は今、空腹じゃないか。怒りなどの感情に影響されていないか。孤独を感じていたり、不慣れな環境に置かれていたり、時間に追われているなどストレスを感じていないか」と尋ねてみる。**一つでも答えがイエスなら、今決断を下すのは避けたほうがいい。もっと良いタイミングを待とう。さもないとデフォルト反応に主導権を握られる。

セーフガード戦略② 成功につながるオートマチック・ルール

反射的選択とは、刺激に対して自動的（オートマチック）に起こる反応だ。そのほとんどは無意識のレベルで起こる。自分が選択をしたことすら気づかない。ときにはプロセスを遅らせて生物的にプログラムされた反応を抑制することもできるが、それには相当な意識的努力が必要になる。幸い、もっと簡単な方法もある。自分が望むような結果につながる、新たな行動を生み出すのだ。成功につながるオートマチック・ルールと呼ぼう。

生い立ちあるいは生活環境によって体に染みついた行動やルールは、絶対に受け入れなければならないものではない。自らの意思でいつでも捨てて、もっと良い行動やルールで置き換えることができる。

認知的バイアスや思考の誤りの研究の創始者で、ノーベル経済学賞を受賞したダニエル・カーネマンとの対談では、判断力を改善できる思いもよらない方法を教わった。「判断をルールに置き換える」というのがそれだ。[2] ルールによって、成功し、目標を遂げられるようなポジションに近づく行動を自動的にとれるようになる。

私たちは意思決定をするとき、達成したい目標を考え、そこからさかのぼってとるべき手段を選ぶ。痩せたければジムに行き、食生活を見直す。お金を貯めたければ、毎週受け取る給料の一部を簡単に手を出せない場所に隠す。こんな具合に、意志の力で目標を達成しようとする。そしてひとたび目標を達成すると、従前の行動パターンに戻ってしまうことが多い。最終的に、再び「このままでは嫌だ」という状況に陥り、同じプロセスをゼロからやり直すことになる。

この方法には欠陥がある。不断の意思決定と努力が必要になることだ。目標は選ぶ必要があるが、選んだだけでは達成できない。一貫して目標を達成する努力が必要だ。つまり毎日毎日、目標につながる選択を重ねていくわけだ。ワークアウトをし、デザートを我慢するという選択を日々下さなければならない。目標から遠ざからないように、目標に近づくような選択を日々重ねると、それは容易になるどころかむしろ難しくなっていく。

こうした選択をするには、持続的に大変な努力をしなければならない。やりたくないことをやらなければいけないとき、人は自らに都合のよい言い訳を与える。「今日は大変な一日だったな」「おっと、トレーニングウエアを忘れてしまった」「明日のミーティングの準備に時間がかかりそうだ」など。やがてこうした言い訳を考えるほうが、目標につながる選択を下すより容易になっていく。

人生におけるさまざまな要素がそうであるように、健康についても行動は環境で決まる。環境によって一つの経路が別の経路より選びやすくなる。[*]身の回りにあるのが健康的な食べ物ばかりなら、健康的食生活を選択するのは楽になる。いつも同じ環境にいれば、いつも同じ選択をしつづけるのも楽になる。不慣れな環境にいると、いつもどおりの行動パターンを維持するのは難しくなる。旅行中にエクササイズをやめたり、健康的な食生活を中断したりする人が多いのはこのためだ。

環境とは、物理的環境だけを指すのではない。人も含まれる。誰かに「ノー」というのが困難なこともある。私たちは本能的に他人に好かれたいと思うようにできていて、ノーというと相手に嫌われるのではないかと不安を抱く。誰かに繰り返しノーというのはさらに難しい。ワークアウトをした後、友人に砂糖入りの飲み物を薦められたら一度は断れるかもしれないが、三日連続薦められたら受け取る。人間はそういうものだ。

私たちはまた、周囲に迎合しようとする習性がある。水しか飲みたくなかったのに、結局つきあいで飲んでしまったことが何度あるだろうか。友人や同僚が最初に一杯（たとえばグラスワ

＊ ロバート・フリッツ著『偉大な組織の最小抵抗経路：リーダーのための組織デザイン法則』から得たアイデアだ。ロバートは構造がどのようにふるまいを決定づけるか論じている。

インなど）注文したら、自分も注文しないのはなんだか後ろめたいような気になる。だから結局自分の本当の願望は脇に置き、ワインを注文する。

それなら毎回選択するのではなく自動的に行動を決める、つまりルールをつくったらどうか。その時々に意思決定する必要がなく、周囲から不満も言われないように。周囲から浮かないようにするためではなく、本当に自分が飲みたいときだけつきあいで飲むというルールを決めたらどうか。

あなたが炭酸飲料を飲む量を減らそうとしているとしよう。* 毎回炭酸飲料を飲むか飲まないか決めるのは、多大な努力が要るし、失敗も起こりやすい。その代わりにルールをつくろう。たとえば「炭酸飲料を飲むのは金曜日の夕食時だけ」とか、あるいは「炭酸飲料は飲まない」と決めてしまう。ルールがあれば、食事のたびに判断する必要がなくなる。実行までの経路は短く、失敗は起こりにくい。

人間心理の妙というべきか、たいていの人は他人のマイルールには疑問を挟まない。相手のアイデンティティの一部としてすんなり受け入れる。 判断には異を唱えても、ルールは尊重するのだ。

カーネマンのお気に入りのマイルールは「電話で何かを頼まれたときには絶対にイエスと言わない」だという。他人に好かれたい気持ちから、その場でイエスと言いたくなるが、気の進まない予定でスケジュールが埋まってしまった経験から、何に対して、なぜイエスというか、より慎重になることにしたのだという。今では電話で何か頼まれごとをしても「少し考えてから返事をするね」と答える。そうすると切迫した社会的圧力なしに考える時間が確保できるだけでなく、要請のほとんどをなかったことにできる。大方の人は追って確認してこないからだ。再度連絡が来て要請を受けることはめったにないという。[†]

カーネマンと話した後、その場の欲求に負けて最終目標を曲げないように、自分はどんなオートマチック・ルールを設けるべきだろうとじっくり考えた。

そこで考えた方法というのが、私がどれほど優れた人物かを描く、ドキュメンタリーの撮影クルーがずっとついて回っていると想像することだ。[‡] 実際に成功者であるかどうかは別にして、誰かが見て「なるほど、成功するのも当然だ」と思うような行動とはどのようなものか。どんな姿を見せたいか。恥ずかしいから見せたくないと思うような行動とは何か。

他の人とこの思考実験をしてみると、いつも驚かされる。自分がどこを改善すれば成功者に近づけるのか、みなわかっているのだ。そして成功を遠ざけている、改善すべき部分もわかっている。

自分がしなければならないことをすべて自分で決められるわけではないが、いつするかは決

＊　私にこの例を教えてくれた友人のアニー・デュークのように。

†　もう一つの有効なルールが「その要請を受けるために、これから二日以内に既存の予定を何か削除して時間を作ろうと思わないのであれば、最初からノーと言う」だ。

‡　これが私自身のアイデアではないのは確かだが、誰から聞いたのかは思い出せない。

められる。私が撮影クルーに見てもらいたいのは、本当に重要なことに集中して取り組む姿だ。

この自問自答の結果、私は毎日、自分にとって一番大きなチャンスに向けて努力する時間を確保することを決めた。子どもに朝食をつくり、それから仕事に行く姿を撮影クルーが見ていると想像した。撮影クルーは私が会議に出て、同僚からいろいろと頼まれごとをしている姿を期待しているが、実際目にするのは昼食時まで一切電話もとらず会議にも出ず、最も重要な機会のために頑張っている姿だ。昼食前は一切会議を入れない、というマイルールはこうしてできた。*

私たちはずっとルールを守れと教えられてきた。だが自分が望むものを手に入れるのを後押しするような、強力なルールを自ら生み出せることを教えてくれる人は誰もいなかった。私にとって週三日ジムに行くのは難しいので、毎日行くというマイルールをつくっている。毎日行きたい気分にはならない。行きたくない日もある。だがルールを破るよりは守るほうが容易であることもわかっている。ジム通いについては、ときどき行くより毎日行くほうが簡単なのだ。

マイルールをつくるのは、自分自身の弱さや限界から自分を守るための強力な手段となる。そうしたルールはときとして驚くようなメリットをもたらす。

セーフガード戦略③　抵抗を生み出す

もうひとつのセーフガード戦略は、目標に反する行動にかかる労力を増やすことだ。かつて私は少しでも時間があると必ずメールを確認していた。夜寝る前、職場からの帰り道、食料品店のレジで並んでいるときなどだ。

そういう行動をとるのは自分だけじゃない、みんなやっていることだと言い訳もしやすかった。新しい情報を得ると脳からドーパミンが出る。それが本当に重要な仕事に集中する妨げとなる。メールに過剰に時間をとられることだけが問題なのではなく、もっと優先すべきことに集中する時間を奪うことが問題なのだ。怖いのは、自分自身がメールという気晴らしを望んでいたことだ。

駆け出しの頃、私は重要なレポートの作成を任された。だが出勤すると、どう見ても最も重要な仕事であったそのレポートに取りかかる前に、まずメールをチェックしていた。受信箱に多少なりとも関心を持つべきメールが入っていると、レポートに着手する前にメールを確認しなければ、と自分に言い聞かせる。そしてもちろん、最初のメールに対応しおわる前には、対応すべき新たなメールが来ている。もちろん、レポートより先にこのメールも、と自分に言い聞かせるのは簡単だ。こうしてようやくレポートに着手するのは、脳がくたくたになった終業間際になる。

少し冷静になって考えれば、最も大切に思っていた仕事に、最悪の状態で臨んでいたことが

＊ みなさんのルールもぜひお聞きしたい。件名を「オートマチック・ルール」としてぜひ次のメールアドレスに送っていただきたい（shane@fs.blog）。

わかる。メール処理というようなうんざりするような作業に、最もエネルギッシュでクリエイティブに仕事のはかどる時間帯を費やしていた。同じ仕打ちをパートナーにしてしまう人も多い。世界一大切な妻や夫と接するのは、やるべきことを全部こなしてくたくたになった後だ。

ベストの状態で一番どうでもいい仕事に取り組み、最悪の状態で一番大切な仕事に取り組むという日々が積み重なれば、間違いなく悲惨な結果につながる。

悪い習慣を断ち切るには、自分が理想とする行動をデフォルトにするのがいい。レポートの遅れを取り戻すため、私は同僚たちにこう宣言した。レポートを提出するまで、私が午前11時前にメールを開いているのを見たら指摘してほしい。ランチをおごるから、と。負けず嫌いの性格と同僚にランチをおごりたくないという気持ちが相まって、出勤してまずメールをチェックするという行動に十分な抵抗が働くようになった。

こうして午前中は一切気を散らせずに仕事し、午後にはメールをチェックし、電話をとり、会議を開いたり出席したりするようになった。仕事は驚くほどはかどるようになった。

意思決定において「簡単さ」という要素が占める役割を侮ってはいけない。人は最も抵抗が少ない行動を選ぶので、自分が本当はやりたくない行動の抵抗を増やしておく、というのは驚くほど効果のある戦略だ。

セーフガード戦略④　ガードレールを設置する

どんなときに意思決定をデフォルト反応に乗っ取られてしまうか、痛い目に遭いながら学んできた経験にもとづいて、自分がするべき行動手順を決めておくというセーフガード戦略もある。デフォルト状態に陥ると、実際に何が起きているかわからなくなり、理想のセルフイメージからかけ離れた反応をとってしまう。

電話口でイエスと言わないというカーネマンの例や、不利な状況で重要な意思決定をしないといったオートマチック・ルールをつくる方法はすでに見てきた。何か起きたときに意識して反応のペースを遅らせ、状況についてクリアに思考する時間を確保するのに役立つ行動手順は他にもある。そうした手順があることで、一歩引いて「自分は人生において何を達成したいのか」「この行動は自分をそれに近づけるものか、遠ざけるものか」と考えることができる。いずれもベーシックな問いに思えるかもしれないが、熱くなると忘れがちだ。

デフォルト反応を封じ込めるためのシンプルな方法の一つが、チェックリストの活用だ。パイロットはフライト前に毎回、決められたチェックリストを確認する。外科医は手術を始める前にチェックリストを確認する。あなたにも旅行前に必ず確認する荷物のチェックリストがあるかもしれない。いずれのチェックリストも作業をスローダウンさせ、基本に立ち戻らせるセーフガードの役割を果たしている。「私の究極の目標は何か。それを達成するのに必要なことは何か」。こうした問いは成功への道から外れないように、私たちを守るガードレールだ。*

セーフガード戦略⑤　視点を変える

私たちはそれぞれ、特定の視点からしかモノを見ない。すべてを見られる人などいない。だからといって特定の状況を別の角度から見直せないわけではない。

物理学でいう座標系とは、事象を観察するための座標の集合を指す。観察者がどこにいるかによって座標系は異なり、ある人には見えるモノが別の人には見えなかったりする。たとえばあなたが電車に座って、窓から外を見ているとしよう。一方、私は駅のプラットフォームに立ってその電車を見ている。あなたにとっては自分も電車の座席も動いていないが、私から見ればあなたと電車は猛スピードで移動している。

あなたが座標系を変えられるとしたらどうだろう。たとえば私があなたの電車が近づいてくる様子をライブストリーミングしていたら？　そうすればあなたは自分の状況を私の視点から見ることができ、それまで見えていなかった情報が手に入る。乗っている電車が線路上の障害物に衝突しそうになっているのが、私の視点から見て初めてわかることもあるだろう。それまであなたは万事順調だと思っていて、大惨事が迫っていることに気づかなかった。視点を変えて私の視点から世界を見たことで重大な情報を入手でき、惨事を避けるのに必要な手を打てるかもしれない。

この電車の例で言えることは、他にもさまざまなケースに当てはまる。あなたがこの本を自宅のソファに座って読んでいるとしよう。あなたはまったく動いていないが、太陽の視点から見れば毎時10万8000キロメートルのスピードで周囲を回っているように見える。自分の状況を外部の視点から見ると、実際に何が起きているかをより包括的に見ることができる。視点を変えることで、見えるものが変わる。

視点を変えるのは、死角に対する強力なセーフガードとなる。マイケル・アブラショフが視点を変えることで駆逐艦ベンフォールドのパフォーマンスを大きく改善したことはすでに述べた。ベンフォールドで当たり前になっていた視点（士官は水兵を二級市民のように扱うのが当然という視点）から、水兵の視点、当たり前の公正さという視点に変えたのだ。

同僚で良き友人でもあった人物が、あるとき私のオフィスにやってきた。「自分のどこが悪かったか気づいたよ。僕は自分が正しいとみんなに証明することばかりに気をとられて、他者の視点で世界を見られなかったんだ」という。

友人が無能だったわけではない。むしろ有能だった。真剣に仕事しなかったわけでもない。むしろ仕事熱心だった。問題は他者の視点で世界を見ようともしなかったため、周囲の気持ちがわからなかったことだ。ようやく自分でその事実に気づいた彼は、行動を変えはじめた。

それ以降、職場で誰かと議論するときには、まず相手がこんなふうに考えているんじゃない

＊子どもに落ち着いて考えてほしいときに私が使う、効果的な質問が二つある。①この状況に水を注ぎたい、ガソリンを注ぎたい？　②このふるまいはキミの希望を叶えるのに役立つの？

か、と自分の印象を語るようになった。それから「これで合ってる?」と聞く。

この質問をするというのがミソだった。暗に「どうぞ私の間違いを直してください」と言っているわけで、相手に間違いを直す機会を与えている。人間心理に最も深く刻み込まれた本能の一つが、他人の間違いを直したいという欲求だ。だからこの問いを投げかけることで、友人は相手が対話しやすい状況を生み出したのだ。そして相手が実際に何かを指摘したら、相手にとって一番大切な要素は何かがわかる。

相手がこの最初の質問に答えても、友人はすぐには自分の考えを語らなかった。その前にさらにこう問いかけたのだ。「他に私が見落としている点はないかな」

この友人が実践した対人コミュニケーションの方法は、視点を変えるというセーフガード戦略のお手本だ。**「これで合ってる?」「他に私が見落としてる点はないかな」という二つの問いを投げかけ、その答えに真摯に耳を傾けると、他者の視点でモノを見ることになる。**この時間をとることで、ようやく気づいた自分の弱みを克服できるようになった。

行動を変えてから数カ月後、友人はチームと他の部門とのパイプ役になった。やがて多くの人から、彼の上司が会議に出席するときには同席してほしいと頼まれるようになった。そして上司が別のポジションに移動すると、誰もが後任に彼を望んだ。友人が手を挙げる必要もなかった。

第16章 ミスをしたらどうするか

How to Handle Mistakes

人生に失敗はつきものだ。どれほど有能な人でもミスは犯す。それは成功に影響を与える要因として、私たちの知識やコントロールの及ばないものがあまりにたくさんあるからだ。知識や可能性の限界に挑戦するようなときは特にそうだ。知識や経験のフロンティアには、先を行く荷馬車も目印も里程標も地図もない。他人の後知恵に頼ることなく先へ進めば、失敗は必ず起こる。こうした失敗に対処するのも、人生の主導権をとる営みの一部だ。

物事が思うようにいかないとき、たいていの人のデフォルト反応は自分自身ではなく、まわりを責めることだ。心理学者のいう自己都合バイアスの一形態だ。「自分に責任を持つ」のくだりでも取りあげた、セルフイメージを保護あるいは高めるように物事を評価しようとする習性である。人は成功すると、その原因を自分の能力や努力だと考える傾向がある。「私って本当に優秀」「私がめちゃめちゃ頑張ったから」「私がすべてに精通しているから」と。反対に、失敗すると外部要因のせいにする。「上司に嫌われているから」「テストがフェアじゃなかった」など。

要は「表が出れば私が正しい、裏が出れば私は悪くない」というわけだ。望まない結果が出たとき、世界があなたに伝えようとしているメッセージは、次のうち少なくとも一つだ。

（a）あなたはツイていない

（b）あなたの物事のとらえ方が間違っていた

ツイていなかったのなら、同じ方法でもう一度試せば違う結果が出るはずだ。だが何度繰り返しても望むような結果が得られないなら、世界はあなたにモノの考え方を変えろと通告しているのだ。

あなたの考え方は間違っていると指摘されるのを嫌がる人は多い。自分の考え方の欠陥を認識するのを拒み、夢遊病者のように人生を歩きつづける道を選ぶ。その理由の一つが、自分の考えが間違っていたことを認めるのは、セルフイメージを傷つけるからだ。思っていたほど自分は賢くないことが証明されてしまう。これはエゴデフォルトの影響だ。

自分の考えが間違っていることを理解するには、まずそれを可視化しなければならない。それまで見えていなかったものを可視化すると、判断を下したときに自分が何を知っていたか、どう考えていたかを理解できる可能性が高まる。記憶に頼るのはうまくいかない。実態よりも自分がよく見えるように、自尊心が情報を歪めるからだ。

考え方をアップデートしなければならないことが理解できても、実際に世界の見方を変えるのには大変な努力が要る。だからアップデートせよという世界からのメッセージを無視する人が多い。これまでと同じやり方を続け、同じ結果に甘んじつづける。これが惰性デフォルト状態だ。

失敗が突きつける選択

何事についても言えることだが、失敗への対処法にも良いものもあればまずいものもある。あなたが何か失敗したからといって、世界が止まるわけではない。人生は続く。そしてあなたも歩き続けなければならない。白旗をあげて人生から退出するわけにはいかないのだ。決断しなければならないこと、やり遂げなければならないことは他にもある。できれば二度と同じような過ちは繰り返さずに。

失敗は誰でも犯す。それは誰にでも限界があるからだ。あなただって例外ではない。自らの判断、行動、それらの結果に対する責任を回避しようとするのは、自分には限界がないフリをするのに等しい。**偉人と凡人の違いの一つは、失敗にどう対処するか、失敗から学び、結果として成長するかにある。**

失敗は選択を突きつける。自分の考えをアップデートするか、それとも自ら引き起こした失敗に目をつむり、それまでの考えに固執するか。後者を選ぶ人は少なくない。
私たちが犯す最大の過ちは、たいてい最初の過ちではない。それを隠し、責任を回避しようとするなかで生まれる過ちだ。最初の過ちの代償も大きいが、二つめのそれとは比較にならない。

私の子どもたちは不愉快な経験を通じてそれを学んだ。ある日私が帰宅すると、床にいびつな形のガラスの破片が落ちていた。それを拾い上げ、何が起きたんだと子どもたちに尋ねると、「知らない」と言い張った。ゴミ箱を開け、中身が見えないように置かれていた紙をどけると、粉々になった花瓶の残骸があった。私は子どもたちに、言い分を変える最後のチャンスを与えた。彼らは精一杯平気な顔をして「知らない」と言い張った。結局彼らはツケを払うことになったが、それは花瓶を割ったことに対してではなく、嘘をついたことに対してだ。

失敗を隠すことの問題点は三つある。一つめは失敗を無視したら、そこから学べないこと。二つめは隠すのが習慣化すること。三つめは隠蔽は悪い状況をさらに悪化させることだ。

失敗を認めて修正することは時間の節約につながり、将来失敗を重ねるのを防ぐ力になる。それだけではない。失敗はあなたが理想とする人に近づく貴重な機会になる。ただし、それはその教えに耳を傾けることを選択した場合だ。こうした機会を賢く活用しよう。無駄にしてはならない。

失敗にうまく対処する四つのステップは次のとおりだ。①責任を引き受ける、②失敗から学ぶ、③次はもっと上手に対応すると誓う、④ダメージをできるかぎり修復する。

ステップ1　責任を引き受ける

人生の主導権をとると決めたら、失敗に自分がどうかかわったかを認め、それが引き起こした事態への責任を引き受けなければならない。失敗が１００％あなたの落ち度ではなかったとしても、あなた自身の問題であることに変わりはなく、対応の一端を担う必要がある。

失敗すると、感情デフォルトがでしゃばってくる。隙を見せれば持っていかれるだろう。そうなったら主導権をとるどころではなく、感情に振り回されて人生がおかしな方向に行ってしまう。自分の感情をしっかりコントロールすることが重要だ。そうした強さが身についていないと手の打ちようがない。だからこそ日々鍛錬することが重要なのだ。

ステップ２　失敗から学ぶ

あなた自身が失敗にどのようにかかわったのか、時間をかけて考えよう。そこに至るまでのさまざまな思考、感情、行動をじっくり振り返ろう。目下緊急事態で、じっくり考える時間はないというのであれば、必ず後から時間をとろう。問題の原因を突き止めなければ、結局それを正すこともできない。正せなければ、次にもっとうまく対処することもできない。むしろ同じ失敗を何度も繰り返すことになるだろう。

この段階でまだ「こんなのフェアじゃない」「なんで私がこんな目に遭うんだ」と他者を責める気持ちがあるなら、まだ失敗の責任を引き受けていないことになる。ステップ１に戻ろう。

ステップ３　次はもっと上手に対応すると誓う

次はもっと上手にやるための計画を立てよう。もっと自分に責任を持つ、もっと自信を持つなど、強さを養う行動でもいい。あるいは自分は他者の視点からモノを見るのが苦手だと気づいた私の同僚兼友人のように、セーフガードを取り入れるのでもいい。いずれにせよ次はもっとうまくやるための計画を立て、それを確実に実行しなければならない。そうして初めて行動が変わり、過去の失敗の繰り返しを防げる。

ステップ４　ダメージをできるかぎり修復する

失敗によって引き起こされたダメージは、たいてい修復できる。相手とのつきあいが長く、あなたの行動に一貫性があるほど修復は容易だ。だからといって直ちに修復できるというわけでもない。傷が癒えるのにしばらく時間がかかるように、人間関係が癒えるのにも時間がかかる。自分の行動がおよぼした影響を受け入れ、心から謝罪するだけでは不十分だ。今後は一貫して以前より優れた行動をとり続ける必要がある。すぐにまた問題行動が出るようであれば、それまで修復できたものも水泡に帰す。

ただ、すべての失敗が修復できるわけではない。取り返しのつかないものもある。ここで重要なのは、悪い状況をさらに悪化させないことだ。

私の友人に主要なスポーツチームのゼネラルマネージャーがいる。失敗について議論していたとき、友人は自分のメンターの話をしてくれた。メンターは理性ではなく衝動にもとづいて「愚かなトレード」をしてしまった。契約書に署名してしまうと、もはや撤回できなくなった。新たに獲得したプレーヤーが試合に出場する前から、このメンターはトレードが過ちだったと気づいていた。心の声（誰の心の中にもいる悪魔）が「おまえは無能だし、その事実は今や世間に知れ渡っている」と囁きはじめた。「おまえはバカだ」と。このささやきによって、それまで長年プレーヤーのマネジメントに卓越した手腕を発揮してきたメンターは自信を失い、身動きがとれなくなり、不確実な状況下で的確な判断を下せなくなった。もっとデータを集めれば、不確実な視界が晴れるかもしれない、と考えつづけた。まもなくメンターは解雇された。

失敗をいつまでも受け入れないと、それはあなたを過去につなぎとめるいかりとなる。失敗を受け入れるとは、失敗から学んだうえでそれを手放すことだ。過去は変えられないが、過去が未来におよぼすかもしれない悪影響を取り除くことはできる。

世界で一番説得力のあるストーリーは、あなたが自分自身に語って聞かせるものだ。内なる声はあなたを前に進めていく力にもなれば、過去につなぎとめる力にもなる。どちらにするのか、賢明な選択をしよう。

第4部

決断する
クリア・シンキングの実践

Decisions: Clear Thinking in Action

決断しないと選択するのも、
一つの選択である。

—— ニール・パート

デフォルトをプログラミングし直し、クリア・シンキングのための時間的スペースを確保したら、次は意思決定のスキルを身につける番だ。
決断は選択とは違う。さまざまな代替案の中からなんとなく一つの選択肢を選ぶのが選択だ。何も考えずに反応するのは、無意識の選択である。いずれも決断とは言わない。決断とは意識的思考を伴う選択だ。

決断＝特定の選択肢が最善だと判断すること

後から考えれば判断を誤ったと思えるケースが、その時点では判断したという認識すらなかったということは多い。複数のデフォルト反応が重なると、私たちは何も考えずにただ反応する。その反応は決断とは言えない。意識的な選択をする機会を認識して初めて、どうすれば最善の判断を下せるのかという問題が生じる。

決断は「意思決定のプロセス」の産物であるべきだ。このプロセスの目的は最善の選択肢を選ぶという目的の下に複数の選択肢を比較検討することで、四つの段階がある。①問題を定義する、②さまざまな解決策を模索する、③解決策を評価する、そして最後に④決断を下して最適な選択肢を実行する。各段階を詳しく見ていこう。

意思決定のプロセス

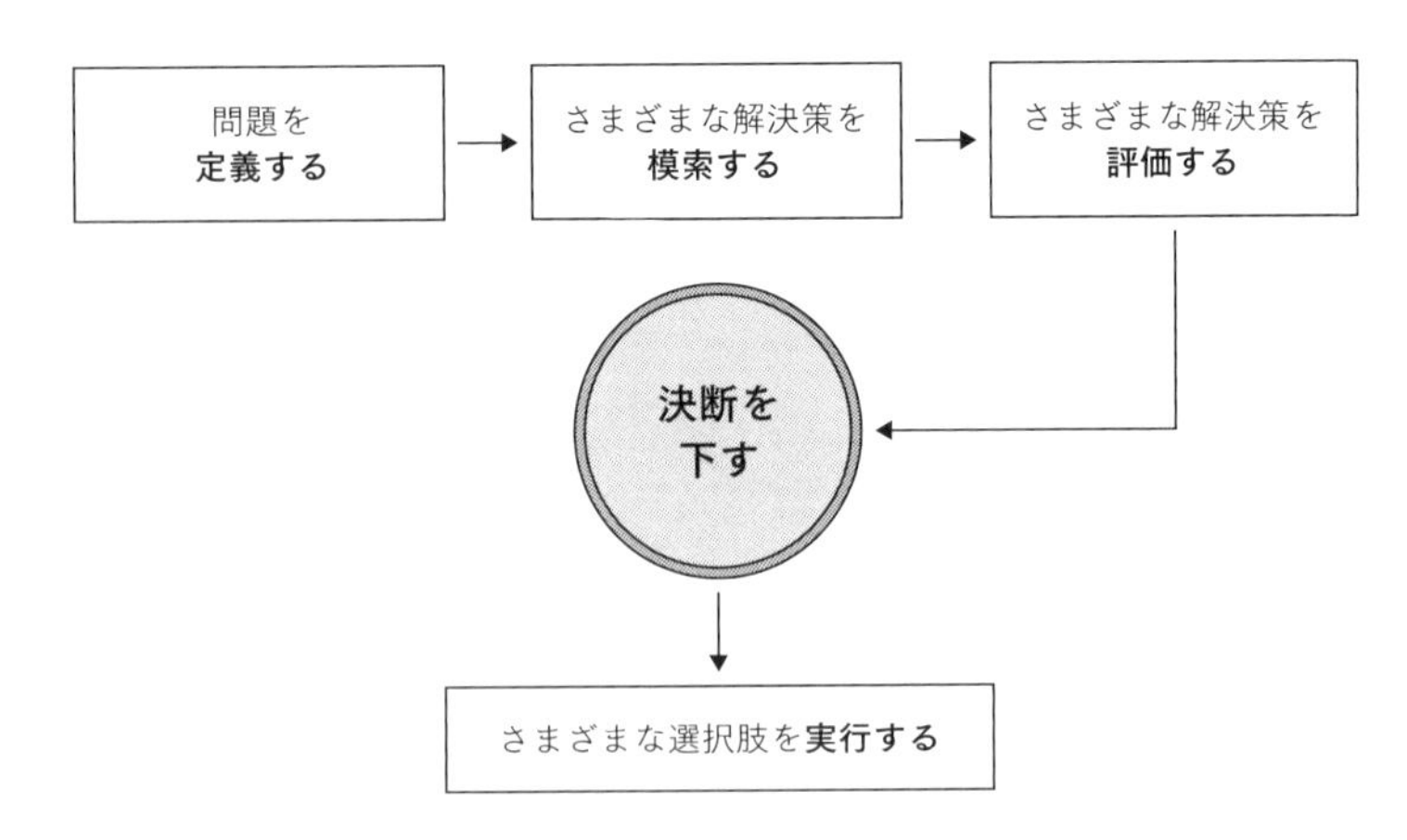

決断＝特定の選択肢が最善だと判断すること

このプロセスを経なければ、選択は必ずしも決断にはならない。

幼い子どもは選択肢の評価など一切しないで選択する傾向がある。ときには大人もそうだ。急いで選択しなければならず、選択肢を評価する時間がないためかもしれない。あるいは習慣にもとづいて選択するためかもしれない。新たな選択肢を模索することなく、惰性で過去の選択を現在にも当てはめるのだ。あるいは感情に振り回され、選択をしていることすら気づかずに選択するのかもしれない。一時的な怒り、恐れ、あるいは欲望に突き動かされて評価などすっ飛ばし、思考も理性もなくただ行動する。

いずれも決断とは言えない。だからといってその責任を負わなくていい、ということにはならない。もちろん責任はある。合理的に考えなかった、意識的に考えなかったというだけだ。ただ反応し、決断すべき場面でデフォルトに身を委ねたのだ。やみくもに反応せず合理的に思考すればベストだと思える行動と真逆のことをしてしまうのは、たいていそんなときだ。合理的に考えずに反応すると、問題を解決するどころかさらなる問題を生み出してしまう。未来の自分の後知恵を、今の自分が先見性のある判断をするために利用できたらどれだけいいだろう。

拙速に判断を下せば必ず誤る、時間をかければ必ず良い判断が下せるわけでもない。ことはそんな単純ではない。

選択と決断、意思決定のプロセスと優柔不断は混同されがちだ。時間をかけて問題をじっくり考えることが難しい理由の一つは、外野から「何もしていない」と誤解される可能性があるためだ。ただ、何もしないというのは一つの選択だ。

リスクが低い状況下で何もしないのは、拙速に行動するよりもマイナスになる。ときにはくどくど考えず、さっさと選択したほうが良いこともある。さほど重要ではなく、簡単に修正できるような行動を評価することに無駄に時間をかける意味がどこにあるのか。たとえばジムにまったく同じベンチプレスが二台あるとする。両方とも空いているとき、どちらを使おうが違いはない。どちらを使うべきか熟慮していたら、両方とも他の誰かに使われてしまうだろう。さっさとどちらかを選べばいい。

ただリスクが高い状況下では、拙速な行動はマイナスになる。ある行動があなたの人生や事業に重大な影響を及ぼし、その影響が簡単に修正できないときには、単なる選択ではなく決断が必要だ。潜在的コストの大きいこのようなケースでは、慎重な決断をするのに時間をかける価値がある。選択肢を評価し、決断しよう。単なる選択ではいけない。

第4部では意思決定をするうえで、質の高い合理的思考をするためのツールを説明していこう。あらゆる目的に適した万能ツールは存在しないため、ここで紹介するツールも決断を必要とするあらゆる問題を解決できるわけではない。それぞれに効用と限界がある。だからツールボックスには複数のツールを入れておく必要がある。さもないと解決すべき問題を見誤るリスクがある。古い格言にもこうある。「ハンマーしか持っていない者には、すべての問題がクギに見える」

ここに挙げるツールを使いこなすには、デフォルト反応を抑制し、合理的思考ができる状態でいなければならない。さもないといずれかのデフォルト反応に屈してしまう。それでもしばらくはまずまずの成果が出るかもしれないが、考えないことのツケは早晩まわってくる。あなたがデフォルト反応をコントロールできるようになって初めて、これから紹介するツールは有効性を発揮する。

デフォルト反応を抑制できないと（簡単に感情に振り回されてしまう、変化に適応できない、最善の行動より自分が正しいと認められることを重視するなど）、世界中のツールを集めたところでうまくいかない。デフォルト反応があなたを圧倒し、意思決定プロセスを妨害し、人生の主導権を握るだろう。

第17章 問題を定義する

Define the Problem

意思決定の第一原則は、決定する人が問題を定義しなければならない、ということだ。*決定するのがあなた自身ではない場合、「解決すべき問題はこれだ」と提案することはできても、定義することはできない。それができるのは結果に責任を負う者だけだ。決定する人は上司、部下、同僚、専門家などあらゆるところから助言を得ることができる。ただ問題の本質を明らかにする責任、事実と意見を区別し、実際何が起きているか見定める責任は決定者にある。問題の定義は、次の二点を明確にすることから始まる。①何を達成したいか、②どんな障害が存在するか、だ。

残念ながら、フタを開けてみたら誤った問題を解決していた、という人があまりに多い。

私が長年のあいだに何千回と目にしてきた次のシナリオに共感できる人は多いのではないか。重要で時間的猶予のない問題を解決するため、意思決定者がさまざまな部署から人材を招集する。会議室に集まった10人がそれぞれの視点から、何が起きているかを報告する。いくらも経たないうちに、誰かが「問題はこれだ」と宣言し、室内は一瞬静まりかえる。それから全員が解決策を議論しはじめる。

最初に状況をどうとらえるかが、チームとして解決に取り組む問題を決定づけることが多い。[†] 解決策が提案されると、意思決定者は安心する。それから提案を実行するためにリソースを割り振り、これで問題は解決されるだろうと期待する。だが実際にそうはならない。なぜなら最初の問題認識が本当の問題を反映していることはめったにないためだ。だから本当の問題は解決されないまま残る。

いったいどういうことなのか。

社会性デフォルト反応の働きで、私たちはグループが同意した最初の問題定義を受け入れ、そのまま前へ進む。誰かが問題はこれだ、と言うと、グループは問題が正しく定義されたか検討することなしに、「解決モード」へ移行する。優秀で意欲的な人材を集め、問題を解決する

＊ 私は作戦会議でこれを身をもって学んだ。作戦の目的、目標、問題を定義できるのは責任者だけだ。それ以外の人にも提案はできるが、決定に責任を持つのはただ一人であり、その人物が作戦の責任者となる。この点についてはアダム・ロビンソン、ピーター・カウフマン、ランドール・スタットマンも繰り返し強調している。

† 最初にこれを言語化してくれたのはランドール・スタットマンだ。

よう命じると、だいたいこういう展開になる。本当の問題を見落とし、対症療法で終わる。合理的に考えず、ただ反応するのだ。

私たちはずっと、問題を解決することに価値があると教えられてきた。学校では教師から解決すべき問題を提示され、職場では上司が同じ役割を担う。生まれてこの方ずっと、問題を解決せよと言われてきた。

だが問題を定義することにはそれほど経験がない。事態は不透明なことが多い。情報が出そろっていることはまずない。何が問題かをめぐって異なる意見が存在し、解決策もまちまちで、さらに個人間のいざこざがあることも多い。だから問題を定義するほうが、問題を解決するよりずっとストレスがかかる。社会性デフォルトはそこにつけ入る。自分は価値を生み出せる人間であると証明するため、よく考えずに反応するよう促す。さっさと問題を解決しよう、どんな問題でもいいから、と。

その結果、組織も個人も誤った問題の解決に膨大な時間を浪費する。根本的な疾病より症状に対処するほうがはるかに楽だ。火事を消し止めるほうが予防するより楽だ。問題をただ先送りするほど楽なことはない。この方法の問題点は、火が完全に燃え尽きることはなく、繰り返し燃え上がることだ。何かを先送りしても、未来はいずれやってくる。

仕事はどんどん忙しくなるのに、仕事時間の大部分は消火活動に費やされる。それも何年も前に決断を誤ったために起きた火事、防ぐことのできた火事だ。

あまりにも多くの火事、あまりに多くのニーズに時間をとられるため、目の前の炎を消すことだけに意識が向く。だが経験豊富なキャンパーなら誰でも知っているように、炎が収まっても火は消えない。あちこちで上がる火の手を抑えることに持てる時間のすべてを費やすと、今起きている問題についてじっくり考える暇がない。それが明日の新たな火種になる。

　優れた意思決定者は、問題をどう定義するかによって人々の視点が、さらには解決策が決まることを理解している。**あらゆる意思決定プロセスで一番重要なのは、問題を正しく把握することだ。**この段階では非常に有益な洞察が得られる。よく理解していない問題を解決することはできないので、問題を定義するのはたくさんの関連情報を集める機会になる。専門家の話を聞き、他の人々に意見を求め、さまざまな見解に耳を傾け、何が真実で何がそうでないかをふるい分ける。そうすれば決定者は本当の問題が何か理解できる。

　問題を本当に理解すれば、解決策は自明になる。解決しようとしている問題を本当に理解しているかどうか、見きわめるコツはのちほど紹介する。

　一流の意思決定者の姿からは、次の二つの原則が浮かび上がる。

定義の原則　問題を定義する責任を引き受ける。他の誰かにそれを委ねてはならない。問題を理解するために必要な努力をする。問題を説明するのに難しい専門用語は使わない。

根本原因の原則　問題の根本原因を特定する。対症療法で満足してはならない。

私がかつて担当した部署では、ソフトウエアが頻繁にフリーズしていた。フリーズを解消するには、サーバーを物理的に再起動しなければならない（トップシークレットを扱う機関で働くことの欠点は外部世界と接続していないことだ）。

このためほぼ毎週末、チームの誰かが職場に呼び出され、フリーズを解決しなければならなかった。誰かが対応すればシステムはすぐにまた動き出す。機能が停止する時間はごくわずかで、影響は軽微だ。これで問題解決……と言えるだろうか？

着任して最初の月が終わったとき、私は残業手当の請求書に署名を求められた。毎週末の出勤にはかなりの金額がかかっていた。私たちはチームとして、問題を解決せずに対症療法に甘んじていた。本当の問題を解決するには、週末の数分間ではなく、数週間分の労力が必要だった。本当の問題を解決するのは痛みを伴うため、誰も手をつけようとしなかったのだ。だから炎が上がるたびに消し止め、種火がくすぶり続けるままにした。

問題の根本原因を突きとめる簡単な方法は、「この問題をそもそも存在しないようにするには何が必要か」と自問することだ。この方法の活用例をもう一つ紹介しよう。

ＡＳＰＣＡはアメリカ最大の動物福祉団体の一つだ。ＡＳＰＣＡによると毎年３００万匹以上の犬がシェルターに入り、新たな飼い主を探す。およそ１４０万匹は首尾よく新たな飼い主が見つかるが、それでも毎年引き受け手のいない犬が100万匹以上出てくる。*

新たなペットを欲しがる人、受け入れられる家庭の数には限りがあるので、多くのシェルターは「どうすればペットを引き受けてくれる人の数を増やせるか」と知恵を絞る。ただこの問いに答えても、長期的な問題解決に近づくことはできない。

そんななか、あるシェルターは別のアプローチを試みた。ロサンゼルスの「ダウンタウン・ドッグレスキュー」創設者のロリ・ワイスは「そもそもシェルターに持ち込まれる犬を減らすにはどうすればよいのか」と考えたのだ。[1] データを調べたところ、シェルターに入る犬の30%は飼い主が手放すケース、すなわち飼い主が自発的に飼育を諦めるケースが占めていた。さらにワイスは、ペットを手放す飼い主の多くは餌を買うお金がなく、他の飼い主ならもっとよく世話をできるかもしれないと思って手放していることを突きとめた。この気づきからより良い、恒久的な解決策が明白になった。

ワイスは新たなプログラムを立ち上げた。ペットを手放すためにシェルターを訪れた家族に、スタッフが「できればペットを飼い続けたいか」と尋ねるのだ。答えが「イエス」なら、団体

* ファーナム・ストリートではこの事例を「デシジョン・バイ・デザイン」という、世界トップクラスの人材を対象とする意思決定講座の教材に使っている（空席待ちリストに載せてほしいという人は「DBD空席待ち」という件名でメールを送ってほしい（shane@fs.blog））

のネットワークを活用して問題を解決する。狂犬病の予防接種に必要な10ドルを支援するだけで済むのか、あるいは長期的にペットフードを提供するべきなのか。ワイスらは元の飼い主に餌代を支援して飼いつづけてもらうほうが、シェルターで犬を受け入れるより安上がりであることに気づいた。それ以上に重要なこととして、新たなプログラムによってペットを手放すつもりでシェルターを訪れた家族の75%がずっとペットと一緒にいられることになった。

問題の根本原因を特定することは、ビジネスにおいても重要だ。新規客への売り上げが低すぎることが問題だと考えた企業は、見込み客を獲得することにリソースを投じるかもしれない。だが新規客への売り上げが根本原因ではなかったらどうか。たとえば製品自体に問題があったら？　このような問題の根本原因は顧客満足であり、それは必ずしも新規客の獲得と同義ではない。既存顧客の満足度を高めることが解決策かもしれない。問題をどう定義するかによって、見える景色も変わってくる。

私たちのなかではデフォルト反応が常に待ち構えているので、定義の原則や根本原因の原則に従おうとしても、道を踏み外してしまうリスクは常にある。

問題定義段階に必要なセーフガード

意思決定プロセスの問題定義段階において、デフォルトの妨害を防ぐセーフガードには二種類ある。新たなファイアウォールを設けること、そして時間の概念をうまくつかうことだ。

セーフガード　問題と解決策のあいだにファイアウォールを設置する　意思決定プロセスの問題定義と問題解決の段階を切り離す。

かつて私はメンターからこんなアドバイスを受けた。職場で「誤った問題に完璧な解決策を見つける」という失敗を避ける最善の方法は、時間的余裕があれば二つの会議を分けて開くことだ、と。一つは問題を定義するための会議、もう一つは解決策を見つけるための会議だ。

あらゆる組織にとって最も重要なリソースは、最も優秀な従業員の時間と頭脳だ。誰にとってもわかりきった問題の解決策を考えるために、二度のミーティングを開くよう求めるのは簡単ではない。ただ、その価値は十分ある。私自身このセーフガードを長年使ってきたし、他の人が活用していつも優れた決断を下すのを目の当たりにしてきた。実際にやってみると、問題定義と解決策のとりまとめを一つの会議で済ませてしまうと社会性デフォルトの影響を受けやすくなることに気づく。行動を重視するチームは問題定義にわずかな時間しかかけず、残り時間は解決策の議論に費やす。あるいは会議の参加者がそれぞれの考える問題にそれぞれの解決策を主張しはじめる。いずれにせよ、あまり有意義なミーティングにはならない。

問題を理解することに時間をかけると、まわりの人がみな、あなたの知らない知識を持っていることに気づく。ミーティングを長引かせず、誰もがすでに知っている情報を改めて共有するのに無駄な時間を使わないための一つの方法が「この問題について、あなたが知っていて他

の人が知らない情報は何か」と尋ねることだ。

この問いは参加者に熟考を迫る。沈黙を埋めるためにすでに誰もが知っていることをべらべらしゃべるのではなく、自分が問題をどうとらえているかを説明しはじめる。

そうするとお互いから学べるだけでなく、違う視点から問題を見る（そして互いの良さを認め合う）ようになるため、それぞれの理解が深まっていく。その後二つめのミーティングに再招集をかける頃には、解決策は誰にとっても自明になっていることが多い。しかも誰もが問題を理解しているため、自分たちだけでなく組織全体のためになるようにそれぞれの部門を問題解決へと動かしていく。哲学者ルートヴィヒ・ウィトゲンシュタインのものとされる言葉が、この考え方を簡潔に表している。「理解するとは、何をすべきか知ることである」*

作戦環境では、人々の行動は速くなる。決断を下すまでのプロセスが重くなれば、わずかな好機を逃してしまう。だが迅速な行動が求められる環境はデフォルト反応が暗躍する場でもある。（やりすぎは禁物だが）ペースを落とし、判断力、原則、セーフガードを組み合わせて確実にクリア・シンキングを実践し、最適解を導き出せるようにしなければならない。問題を深堀りして本質的な問いを投げかけることで、プロセスがほどよくスローダウンし、正しい問題を解決できる確率が劇的に高まる。

問題の定義と解決策のあいだに時間的スペースを生み出す作戦は、個人レベルでも有効だ。問題解決に取りかかる前に、何が問題なのかはっきりさせる時間を自らに与えよう。根底にある問題が何かと考えたとき、最初に浮かんだ答えがそれほど正しくなかったと後でわかるケースは意外と多いはずだ。

ヒント　問題を書き出してみると、見えなかったものが見えるようになる。自分が問題だと思うことを文章にして、翌日読み直してみよう。説明文に難解な専門用語が使われていたら、問題を完全には理解していないサインだ。理解していない事柄について決定を下すべきではない。

続いて問題定義段階の二つ目のセーフガードを見ていこう。

セーフガード　時の試練に耐えるか　問題の症状ではなく、根本原因を解決しようとしているのか。解決策が時の試練に耐えうるか、自らに問いかけることで確認できる。問題は恒久的に解決するのか、それとも将来再発するだろうか。後者の可能性が高ければ、あなたが打とうとしている手は対症療法に過ぎない。

＊　複数の人がこれをウィトゲンシュタインの言葉としているが、InteLexのデータベースでウィトゲンシュタインの既刊・未刊の著作物を調べても載っていなかった。最も近いと思われるのは『哲学探究』の第199節だ。「文を理解するとは、言語を理解することだ。言語を理解するとは、技法を習得することだ」

たとえばロサンゼルスのダウンタウン・ドッグレスキューが、シェルターの過密状態を解決するため、根本原因の一つ（飼い主が経済的に犬を飼育できない）を意識した対策を打つ代わりに、「春のワンコおうち探しキャンペーン」を実施したとしよう。キャンペーンの結果、シェルターにとどまる犬の数は一時的に減るかもしれない。だが効果は一時的だ。数カ月後にはシェルターは再び過密になるだろう。

短期的解決策は一時的には意味があるように思えるかもしれないが、長期的にうまくいくことはない。実際には同じところを回っているだけなのに、前へ進んでいると錯覚する。それでも短期的解決策に多くの人が魅力を感じるのは、周囲に対して少なくとも何か手を打っているというシグナルを送れるからだ。これは社会性デフォルトの弊害だ。社会性デフォルトは行動を進歩と、大きな声を正しい声と、自信を有能さと誤認させる。ただ時間の経過とともに、短期的解決策は深い傷にフタをするだけのバンドエイドに過ぎなかったことが明らかになる。騙されてはならない。

短期的解決策、長期的解決策のどちらかにエネルギーを注ぐことはできるが、両方いっぺんには無理だ。短期的打開策にエネルギーを注ぐほど、長期的解決策に注げるエネルギーがしわ寄せを受ける。[2] ときには長期的解決策のための時間を稼ぐのに短期的解決策が必要なこともある。自分が今消そうとしている炎が、将来再び燃えあがらないかだけは確認しておこう。同じ問題が繰り返し起こると、関係者は疲弊し、やる気を失う。本物の進歩がないように思えるからだ。未来の自分が消火に追われないように、今確実に火を消し止めておこう。

本章で紹介した原則、セーフガード、ヒントは、あなたが社会性デフォルト反応に振り回されるのを防いでくれるはずだ。

第18章 解決策を模索する

Explore Possible Solutions

問題がはっきりしたら、今度は解決策の候補、すなわち目標達成に立ちふさがる障害を乗り越える方法を考える番だ。その方法は、起こりうるさまざまな未来、出現しうる世界を想像することだ。

意思決定プロセスの解決策を模索する段階で一番ありがちな失敗は、残酷な現実から目をそらすことだ。

ジム・コリンズは著書『ビジョナリー・カンパニー2 飛躍の法則』で、ジム・ストックデール海軍大将をインタビューしたときのエピソードを書いている。ベトナム戦争中、ストックデールは悪名高いホアロー捕虜収容所（皮肉を込めて「ハノイ・ヒルトン」と呼ばれた）にとらわれた最高位のアメリカ軍人だった。8年間の捕虜生活で20回以上拷問を受け、いつ釈放されるか見込みは立たず、捕虜の権利はひとつもなく、生きて再び家族に会えるかどうかもまったくわからなかった。

コリンズがストックデールに、仲間の捕虜のなかで生き残れなかったのはどんな人たちかと尋ねたところ、ストックデールは楽観主義者だと答えた。

「クリスマスまでには出られると考える人たちだ。クリスマスが近づき、終わる。そうすると復活祭までには出られると考える。そして復活祭が近づき、終わる。次は感謝祭、そしてまたクリスマス。こうして失望が重なって死んでいく」

長い沈黙のあと、ストックデールはコリンズに向き直り、こう言った。「これはきわめて重要な教訓だ。最後には必ず勝つという確信、これを失ってはいけない。だがこの確信と、それがどんなものであれ、自分が置かれている現実のなかでもっとも厳しい事実を直視する規律とを混同してはいけない」[1]

コリンズはこの勝利への確信と厳しい現実と向き合う規律の組み合わせを「ストックデールの逆説」と名付けた。そして今でも楽観主義者を諭すストックデールの姿を頭の中に思い描く、という。「クリスマスまでに釈放されるなんてことはない。その現実を直視しろ！」と。

問題は自然に消えたりはしない

誰もが困難な問題に直面する。そんなときデフォルト反応は視野を狭める。世界の見方を歪め、ありのままの現実ではなく、「こうであったらいい」現実を見せる。望むような結果を手に入れたいと思うなら、現実と、それも厳しい世界のありのままの姿と向き合うしかない。
困難な問題への最悪の対処法は、魔法を期待することだ。砂に頭を突っ込み、そうしている間に魔法のように問題が消えてなくなっている、あるいは解決策が目の前に現れることを期待する。

未来はお天気とは違う。ただ私たちの身にふりかかるわけではない。今日の選択が未来を形づくる。今置かれている状況が過去の選択によって形づくられているように。

今置かれている状況がどんなものであれ、それはここに至るまでの過去の選択やふるまいを反映している。今、パートナーとの関係が良好なのは、これまでの長年にわたる努力、コミュニケーション、話し合い、幸運、そして（もしかしたら）セラピーのおかげだ。朝起きたときに目がかすみ、頭がぼんやりしていたら、前の晩飲みすぎたことでよく眠れなかったためだとわかるだろう。今事業がうまくいっているなら、適切なタイミングでリーンな組織を維持したこと、あるいは不確実な状況下で投資を倍増したことが、今日の成功に寄与していることがわかるだろう。

未来の後知恵を今日の決断の参考にできたら、過去を振り返るときの洞察力と明晰さをもって現在を見られたら、どれだけいいだろう。哲学者セーレン・キルケゴールはこう言っている。「人生は振り返ったとき初めて理解できるが、前を向いて生きるしかない」

幸い、未来の後知恵を今日の先見の明に変える方法はある。心理学で「プレモーテム（死亡前死因分析）」と呼ばれる思考実験だ。考え方自体は目新しいものではなく、ストア哲学に由来する。セネカは避けられない人生の浮き沈みに備えるため「premeditatio malorum（邪悪なものについてあらかじめじっくり考えること）」を実践した。

挫折のなかでも対処するのが一番難しいのは、備えがなく、まったく予期していなかったものだ。だからこそ、それが起こる前に予測し、実現するのを防ぐために今行動しなければならない。

自分は問題解決が苦手だと思っている人は多いが、実際には問題を予測するのが苦手なのだ。すでに問題は十分あるので、これ以上何が起こりうるか考えたくないという人がほとんどだろう。悪いことが起こる前には予兆があるはずだ、備えを固める時間があるだろう、備えはできるはずだ、と考える。だが世界はそんなふうにはできていない。

善良な人にだって悪いことは起こる。警告なしに解雇される。自動車事故に巻き込まれる。上司がオフィスにやってきて、いきなり非難してくる。世界中にパンデミックが広がる。警告もなく、準備する時間もない。

プレモーテムをやってもあらゆる大惨事から身を守ることはできないが、救われるケースも意外に多いはずだ。やり方を説明しよう。

どんなまずいことが起こりうるか

どんなまずいことが起こりうるかと想像するのは、悲観的だからではない。そうすることで備えができるからだ。どんなまずいことが起こりうるか考えてみたこともなければ、状況に振り回されてしまう。不安、怒り、パニックといった感情に襲われたとき、理性を失ってしまう。ただ状況に反応するだけになる。

それを防ぐ手段が、この原則だ。

悪い結果の原則　未来に起こりうる、理想的な結果だけを想像するのはやめよう。どんな悪いことが起こりうるか、それが起きたときに自分はどう克服するかを想像しよう。

来週、取締役会でプレゼンをするなら、起こりうるあらゆる失敗を思い浮かべよう。機材がうまく動かなかったら？　事務方がファイルを見つけられなかったら？　聞き手が関心を示さなかったら？

しらみつぶしに検討しよう。想定外が一つも起こらないように。セネカもこう言っている。「あらゆる可能性を思い描かなければならない。そして（中略）起きる可能性のあることに対処するため精神を強くしなければならない」[2]

悪いことが起きるときというのは、2分前に警告サインが出て、CMのあいだに準備する、といった具合にはいかない。その場で対処しなければならない。優れた意思決定ができる人は悪いことが起こりうること、自分もそれを逃れられないことをわかっている。即興で、行き当たりばったりの反応をすることはない。悪いことを予期して、緊急時の対応策を練っておく。備えができているからこそ、自信が揺らぐことはない。ベンチャーキャピタリストのジョシュ・ウルフの口癖はこうだ。「失敗は失敗を想像することに失敗する人に起こる」[3]

結論を言おう。**どんなまずいことが起こりうるかあらかじめ考え、とりうる対応策を決めておく人は、計画どおりに事が運ばなかったときでも成功する確率が高い。**

どのような選択肢があるか検討する良い方法が、次の原則に従うことだ。

二次的思考の原則　「その後どうなるのか?」と自問しよう。

問題を解決するというのは、世界に変化を起こすことだ。その変化はあなたの長期目標に合致したもののこともあれば、そうではないこともある。たとえば空腹を感じ、チョコレートバーを食べたとする。それによって今の空腹という問題は解決できたが、この解決策には弊害もある。1~2時間後に確実に血糖値の急低下が起こる。長期目標が午後中ずっと生産的に仕事をすることであれば、チョコレートバーを食べたのは目の前の問題の最適解ではなかった。

チョコレートバーを一本食べたからといって、ダイエットがぶち壊しになるわけでも、一日が台無しになるわけでもない。だが一見ささやかな判断ミスを毎日、一生涯にわたって繰り返せば、成功をつかめるようなポジションには立てないだろう。小さな選択は積み重なっていく。だから二次的思考が必要なのだ。

二次的思考

誰の中でも今の自分と未来の自分のせめぎあいが起きている。[*] 未来の自分が望む選択は、今の自分が望むものとは違うことが多い。今の自分はこの瞬間に勝ち誇った気持ちになりたがるが、未来の自分はこれから数十年にわたって勝ち続けたいと思う。同じ問題についてそれぞれが異なる見解を持つ。未来の自分には、今の自分の一見どうということのない選択が積み重なった末のメリットやデメリットが見えている。

一次的思考は今の自分、二次的思考は未来の自分と考えてもいいだろう。

一次的思考は目の前の問題を解決しようとするが、その解決策が未来にどんな問題を引き起こすかは考えない。二次的思考は問題を最初から最後まで通して見る。目の前の解決策の先を見て、「その後どうなるのか？」と問いかける。[†] この問いに答えると、チョコレートバーはそれほど魅力的に思えなくなってくる。

解決策が短期目標だけでなく、長期目標にも合致したものかを考えなければ、問題の最適解は出てこない。二次的結果を考えないと、知らず知らずのうちにまずい決断を下してしまう。目の前の問題を解決することだけを考え、その過程で新たに生まれる問題を十分考慮しないと、未来の自分を楽にすることはできない。アメリカのアフガニスタン戦争を振り返ると、それがよくわかる。

アフガニスタン復興担当特別監察官のレポートには、次のように書かれている。

アメリカがつくった組織やインフラプロジェクトには持続性がなかった。（中略）アメリカが建設したすべての道路、教育を施したすべての公務員は、さらなる改善への跳躍台となり、復興の取り組みをゴールに導くものとされていた。しかしアメリカ政府はそれぞれのプロジェクトに長期的な持続性があるか、確認を怠ることが多かった。プロジェクトの成果は使われなかったり廃れていったりと、何十億ドルもの復興資金が無駄になった。早く結果を出すことを求められたアメリカ当局者には、支援を受ける側の政府の能力や長期的な持続性をあまり考慮せず、短期的なプロジェクトを重視するインセンティブが働いた。[4]

これとは対照的な、二次的思考を学ぶのにうってつけな事例を見ていこう。私の友人のクライアントに、ほぼ独学でスキルを身につけたデータ・サイエンティストがいる。[‡] ここでは仮にマリアと呼ぶことにしよう。スタートアップの世界でキャリアを磨き、その後テック企業の幹

＊　この概念は友人のクリス・スペアリングとの対話から生まれた。
†　私が最初にこのアイデアを聞いたのは、実際にこの問いをよく口にするガレット・ハーディンからだ。詳しくは以下を参照。"Three Filters Needed to Think Through Problems," Farnam Street (blog), December 14, 2015, https://fs.blog/garrett-hardin-three-filters/.
‡　この事例はデシジョン・バイ・デザインの講座でも使っている。

部としてそれなりに成功を収めた。そこで5年ほど勤めていたが、最近会社が倒産、突如として職を失った。

マリアが立てた目標は、在宅ワークで家族との時間もしっかり確保しつつ、企業幹部並みの報酬（年収約18万ドル）を維持することだった。理想を言えば、社会的責任に強くコミットしている会社で働きたかった。銀行には10万ドルの資産があり、できれば2年以内に再就職したかったが、最長4年は待てると考えた。現在、二つの仕事のオファーを受けているが、どちらも年収は希望より低く、仕事内容にもあまり魅力を感じない。もっと良い雇用機会に恵まれるために、大学院で修士号を取るという選択肢も検討している。ただ学業をして、フルタイムの仕事をして、さらには家族との時間も確保するというのは難しいと考えている。

ここでマリアの選びうる解決策を考えてみよう。たとえば次のような選択肢が考えられる。

- 学生に戻り、大学院で修士号を取得する。
- オファーされているフルタイムの仕事のどちらか（年収9万ドル）を引き受ける。
- 臨時のコンサルティングの仕事を引き受ける。
- フルタイムの職探しを継続する。

続いて、ここに挙げた選択肢の短期的結果を検討しよう。

- **大学院生になれば**　週30時間以上を学業に費やすことになる。その分、有給の仕事や家族に充てられる時間は減る。

●**オファーされている仕事を引き受ければ**　すぐに収入が入り、支出を賄える。希望の年収より大幅に少ないが、支出を抑え、退職後に向けた貯蓄を増やせば対応できる。

●**コンサルティングの仕事を引き受けるのは**　不確定要素が多い。コンサルタントとしてのマリアにどれほど需要があるかわからず、いくら稼げるかもわからない。

●**フルタイムの職探しを継続すれば**　現在受けている二つのオファーを失うかもしれない。両社に対して適切な期限内に諾否を回答する必要がある。

マリアの現在の選択肢の短期的結果がおおよそつかめたところで、二次的思考の出番となる。ここに挙げた結果の結果、つまり「その後どうなるのか？」という問いの答えを考えなければならない。

ここでは「悪い結果の原則」を当てはめてみる。選択肢を検討するとき、すべてがうまくいくシナリオだけでなく、うまくいかなかったシナリオも考えてみるのだ。

大学院生になる

●**うまくいった場合**　奨学金を受け取り、すばらしい人脈、スキルを手に入れ、新たな機会が大きく拓ける。このケースからは獲得したスキルをどうやって希望する高収入の仕事に転換するかという新たな問題が生じる。

●**うまくいかなかった場合**　多くの雇用主が求めるような新たなスキルを習得することができない。大学院に通うことで借金が増える。このケースからは以前よりも難しい状況で職探しをしながら、生活費に加えて借金を返済しなければならないという新たな問題が生じる。

ここからマリアが大学院に進むことが最適な選択肢か判断するためには、さらに情報を集める必要があることがわかる。

●奨学金を得られるのか。
●大学院には民間でどれほどの人的ネットワークがあるのか。
●大学院で獲得できるスキルにはどれほどのニーズがあり、どれほどの報酬が見込めるのか。
●新たに獲得するスキルによって18万ドルの年収を得るまでにはどれくらいの時間がかかるのか。

オファーされているフルタイムの仕事のどちらかを引き受ける ――

●**うまくいった場合**　年収は希望より少ないが、社内で伸びる余地はある。このケースからは新たに次の三つの問題が生じる。（1）どうやって希望年収との差を埋め、希望する時期にリタイア（引退）するか、（2）社内でどのようにキャリアアップできるか、（3）社会的責任のある仕事をしたいという願望を満たす機会を仕事以外で探せるか。

●**うまくいかなかった場合**　情熱を抱けず、収入も希望より低い仕事に就くことになる。このケースから生じる新たな問題は、それほど新しくもない。多少の収入はあるものの、状況は現在とさほど変わらない。

オファーされているフルタイムの仕事のどちらかを引き受けるのが最適な選択肢か判断するために、さらに集めるべき情報は以下のとおりだ。

●仕事を好きになる可能性。
●社内でキャリアアップできる可能性。
●希望した場合、再び転職するのに役立つような経験が得られるのか。
●この仕事に就きつつ、大学院に通ったり、臨時のコンサルティングの仕事を引き受けたりすることができるのか。

臨時のコンサルティングの仕事を引き受ける

●**うまくいった場合**　独立起業する可能性、働き方の柔軟性が高まる可能性がある。このケースからは、個人事業をどうやって拡大していくかという新たな問題が生じる。

●**うまくいかなかった場合** コンサルティングの仕事の件数が少なく、頻度も低いうえに、フルタイムの仕事のオファーを受ける機会を逸する。このケースから生じる新たな問題は、次の一手をどうするかだ。状況は現在とさほど変わらないが、持ち時間は短くなる。つまり仕事のオファーを受けるか否か、より短期間に判断しなければならなくなる。

この選択肢を評価するために、さらに集めるべき情報は次のとおりだ。

●マリアの現在の知識やスキルにお金を出そうとするクライアントがいるのか。
●そのクライアントはどれほどの報酬を払うつもりがあるのか。

マリアの事例からは二次的思考の重要な利点が浮かび上がる。二次的思考は未来の問題を回避するのに役立つだけでなく、優れた判断を下すために必要な情報、それまで必要性を認識していなかった情報を浮き彫りにするのだ。必要な情報は自然と耳に入るものだと悠長に構えていてはいけない。情報が「自然と」来ることはない。

解決策を模索する段階のセーフガード

解決策として二つの選択肢が見つかったからといって、死角が解消できたと考えるのは早計だ。問題の解決策が二つしかないと考えるのを「二元的（バイナリー）思考」という。選択は一見、シンプルなものに思えるかもしれない。製品を発売するか、しないか。新たな仕事を引き受けるか、引き受けないか。結婚するか、しないか。二元的思考は白か黒、「する」か「しないか」であって、その中間はない。

だがほとんどの場合、二元的思考は可能性を狭める。二者択一に思える選択にも、たいていもう一つ別の選択肢がある。一流の意思決定者はそれを理解していて、二元的思考は問題を完全に理解していないことの表れとみなす。問題を完全に理解しようとせず、特定の角度からしか見ないようにしていると考えるのだ。

問題を詳しく分析しはじめると、よく理解せず、他の代替策を見過ごしていたときより、問題が複雑なものであることがわかってくる。

問題解決に不慣れな人が選択肢を二つに絞ろうとするのは、それによって問題の本質をつかめたような錯覚が得られるからだ。現実には思考停止しただけである。思考停止は絶対に避けたい。問題解決の新参者は、ベテランならすぐに気づくような問題の複雑さに気づかない。ベテランは複雑さのなかに潜んでいるシンプルさを見抜く。イギリスの法制史家、フレデリック・メイトラントはかつてこう書いたとされる。「シンプルさとは出発点ではなく、長く困難な努力の終着点だ」。問題の解決策を白か黒かで考えようとしているときには、新参者ではなくベテランのように考え抜いたか、新ためて確認しなければならない。

ここから優れた問題解決の次の原則が浮かび上がる。

「3+」の原則　一つの問題に対して少なくとも三つ以上の解決策を模索することを自らに義務づける。選択肢を二つしか検討していないことに気づいたら、意識して少なくとももう一つの選択肢を考える。

二元的思考が楽なのは、受け身だからだ。三つめの選択肢を追加する作業を自らに課すことで、クリエイティブかつ本気で問題を深掘りするようになる。最終的に三つめの選択肢を選ばなくても、それを思いつこうと知恵を絞るなかで問題をより深く理解できる。結果として長期的目標に沿った決断を下し、将来の選択肢を増やし、後になってその決断をして良かったと思える可能性は高まる。

二元的思考を防ぐセーフガードは二つある。一つずつ見ていこう。

セーフガード　二つの選択肢のいずれかが選べなくなったと仮定する　今検討している選択肢を一つずつ取りあげ、「この選択肢がなかったらどうするか」と自問してみよう。

反りの合わない同僚がいる職場について、どうすべきか考えているとしよう。二元的思考なら、残るか辞めるかの二者択一になる。そのうち一つの選択肢がなくなったとすると、問題を違う角度から見なければならなくなる。たとえば何らかの理由によって、どうしても職場を辞められなくなったとする。なんとしても今の職場にとどまらなければならない。そうなると違うレンズで物事を見るしかない。同僚との相性という問題があっても職場で毎日もっと楽しく過ごせるように、何ができるだろうか。どうすれば職場にとどまりつつ、目標に近づくことができるだろうか。このままずっと無力感を抱き続けることのないように、将来の選択肢を増やすためには何ができるだろうか。職場にとどまるというのは、上司や同僚とこれまで避けてきた厳しい対話をする必要がある、ということかもしれない。別の部署への異動願いを出すことかもしれない。あるいは上司にリモート勤務の許可を求めることかもしれない。

続いて、同じ状況をもう一方の視点から見てみよう。今度は何らかの理由で、職場にとどまることができなくなったとする。なんとしても辞めなければならない。そうなったらどうするか。かつてのクライアントに電話をかけ、求人がないか尋ねるのはどうか。知り合いの誰かに、勤務先に紹介してもらえないだろうか。今より良いポジションに就けるように、ありとあらゆる可能性を模索するだろうか。

ときには自分がしたいことを、したいタイミングでできないこともある。耐え難い仕事をすぐには辞められない、というように。ただ、それは打つ手がないということではない。やりたいことをもっとやれるように、やりたくないことをやらなくて済むように、自分のポジションを改善し、目標に向けて前進するためにできることは常にある。仕事を辞めることができなくても、少なくとも状況を改善することはできる。仕事にとどまることはできなくても、退職のために準備を整えることはできる。問題のとらえ方を変えることで、次のステップが見えてくる。

一つ頭に入れておこう。問題を完全に理解する前に二元的思考に陥ることは、危うい単純化であり、死角を生み出す。誤った二元論は別の道や、判断を覆すような有益な情報を見えにくくする。わかりやすい二択のうち一方の選択肢を消去すれば、問題を新たな枠組みでとらえ直すことができ、突破口が見えてくるかもしれない。

続いて二元的思考を防ぐ二つめのセーフガードを見ていこう。

セーフガード「どちらも」の選択肢を考える 両方の選択肢を組み合わせる方法を見つける。「XかYか」ではなく「XもYも」の道がないか考える。

トロントのロットマン・スクール・オブ・マネジメント元学長であるロジャー・マーティンは、この方法を統合的思考と呼ぶ。[5] 一見、対立関係にある二つの選択肢のどちらかを選ぼうとするのではなく、両者を統合する。単純な「どちらか」の選択肢を、統合された「どちらも」の選択肢に変えるのだ。コストを抑えつつ、より良いカスタマー・エクスペリエンスに投資する。今の仕事にとどまりつつ、副業を始める。株主の期待に応えつつ、環境も保護する、といった具合に。

小説家のF・スコット・フィッツジェラルドはこう言っている。「二つの対立する考えを同時に抱きつつ、それでも折り合いをつける能力こそ一流の知性の証しだ。たとえば状況が絶望的であることを知りつつ、それでも打破してみせると腹をくくるように」

フィッツジェラルドに異を唱えるようだが、「どちらも」の選択肢を考えるのに一流の知性など必要ないと私は思う。統合的な解決策を見つける能力は、一部の選ばれた者だけの特権ではない。それは学習し、活用できるスキルだ。ただ教わる機会が少ない、というだけである。ここでカギとなるのが、互いの最良の部分を組み合わせた解決策が見えてくるまで、二つの相反する選択肢とじっくり向き合う苦しさを受け入れることだ。それが統合的思考のキモだ。

このような思考は不可能に思えることもあるが、ほとんどのケースでは可能だ。統合的思考をしやすい事例の一つが、旅行の計画だ。参加者全員に何をしたいか尋ねてから、それが全部できる場所を探せばいい。リゾートやクルーズにさまざまなアクティビティがそろっているのはこのためだ。選択肢が多いほど、やりたいことがたくさんあるグループ旅行者には魅力がある。リゾートやクルーズではビーチかプールの二者択一を迫られることはまずない。両方楽しめばいい。

同じ思考法は、キャリアを含めた人生の他の分野にも応用できる。やりがいのない仕事の解決策が、「とどまるか辞めるか」の二者択一であることは（たとえ一見そう思えたとしても）めったにない。仕事をつづけるとともに知り合いに転職の相談を始めることもできる。新たな仕事に応募するとともに、夜に学校に通って新たなスキルを身につけることもできる。クリエイティブな新規プロジェクトを立ち上げ、創造性を発揮する機会を広げるとともに現在の担当業務でやりがいを増やすこともできる。

経営学者のロジャー・マーティンはそれをこんなふうに表現する。「対立するアイデアを吟味して新たな解決策を見つけられる人は、一度に一つのアイデアしか検討できない人に対して本質的に有利だ」。まさにそのとおり。統合的思考のできる人は有利であるだけでなく、昔ながらの思考法に縛られないため可能性は無限に広がる。

高級ホテルチェーン「フォーシーズンズ」の創業者、イサドア・シャープの例を考えてみよう。シャープが初めて手に入れたのは、トロント郊外の小さなロードサイドホテルだった。二つめの物件はトロント中心部にある大規模なコンベンションホテルだった。どちらも当時の常識的な運営モデルにもとづいたホテルだった。パーソナルなサービスを売り物にした小規模ホテルか、充実した施設を売り物にした大規模ホテルかだ。ホテル業界はこの二元的思考に縛られていた。だがシャープはどちらかを選ぶかわりに、小規模ホテルの親しみやすさと大規模ホテルの利便性を組み合わせた。そのプロセスを通じて新しい運営モデルを、さらには史上最も優れたホテルチェーンを生み出した。

私生活においても「どちらも」思考は役に立つ。たいていの人はあらゆる精神的ニーズをパートナーに満たしてほしいと思う。それはどんな相手にとっても大きすぎる期待だ。当然のように期待が満たされないこともあり、関係はぎくしゃくする。だがそんなとき「関係を続けるか、別れるか」と考える代わりに「パートナーには受け止めきれない精神的ニーズを引き受けてくれる人は他にいないだろうか。職場の不満を聞いてくれる同僚、同じ問題に関心のある友人、一緒に趣味のレッスンを受けてくれる友人はいないか」と考えてみよう。

付き合う人の輪を広げていくのは、自分自身のために「どちらも」の選択肢を生み出すことに等しい。だから「関係を続けるか別れるか」というおなじみの二元論ではなく、「パートナーの得意分野以外で、自分をサポートしてくれる人は誰か」と考えてみよう。

新たな選択肢はたくさんは要らない。ほんの数人、本当に良い人生の仲間がいればいい。「XかYか」と考えはじめたら、狭い岩場、すなわち二元的思考に迷い込んだサインだ。とことん考え、まっとうな選択肢をなんとかもう一つ見つけることで、それまで考えもしなかったような解決策が見えてくる。

機会費用

思考力を磨くというのは、既知の問いに対してさまざまな解決策を考えることではない。いつ何をすべきか、パターンを覚えることでもない。他者に思考を丸投げすることでもない。当たり前の先にあるもの、死角に隠れているものを見ることだ。

現実世界はトレードオフであふれている。明らかなものもあれば、隠れているものもある。機会費用とは意思決定をする者が見落としがちな隠れたトレードオフを指す。どんな決断にも少なくとも一つは機会費用がある。常にやりたいことをすべてやるのは難しく、一つを選べばたいてい別の何かを諦めなければならない。隠れたトレードオフを見極める能力は、偉大な意思決定者を凡人と分ける要素の一つだ。それはリーダーシップの中核的要素でもある。

チャーリー・マンガーは機会費用について、こう語っている。「賢明な人は機会費用にもとづいて意思決定をする。（中略）機会費用とは重要な代替案のことだ。私たちはすべての意思決定をこのように下している」[6]

この点を体現する私のお気に入りが、アンドリュー・カーネギーの事例だ。鉄鋼王となったカーネギーがまだ若く、ペンシルベニア鉄道での仕事に就いたばかりの頃、大規模な脱線事故が起きた。多くの車両が線路をふさぎ、鉄道システム全体が動かなくなった。上司が不在であったため、カーネギー自身が対応を決断しなければならなかった。線路上に散らばった車両を撤去する方法を選べば、積み荷の大半は回収できる。だがそれには時間と費用がかかり、鉄道は数日間停止するだろう。何日もシステムを停止するのは車両と積み荷の費用に見合わないと判断したカーネギーは、上司の署名を代筆して大胆な指示を出した。「車両を燃やせ！」と。休暇から戻った上司はカーネギーの選択を知ると、即座にそれを将来同様の事故が起こった場合の標準的な対処法とした。[7]

機会費用についてしっかり検討するのは、仕事においても人生においてもとても有効だ。さまざまな選択肢を比較検討する最善の方法は、関連するあらゆる要素を考慮に入れることであり、それには機会費用の検討ははずせない。

機会費用に関する原則は二つある。

機会費用の原則　二者択一の選択をするときには、どんな機会を見送ることになるのか検討する。

二つめの原則も、これと密接に関連している。

三つのレンズの原則　次の三つのレンズを通して機会費用を見る。（1）比較対象は何か、（2）追加コストは何か、（3）代償は何か。*

ほとんどの人はこの一つめのレンズをいつも装着している。これは直接的で、目に見えるコストだ。たとえばクルマを購入するケースを考えてみよう。たいていの人はすぐに選択肢を2～3車種に絞れるだろう。「テスラのほうがかっこいいし、燃費もいい。でも長距離ドライブにはどうだろう？　BMWもルックスはいいし、積み荷スペースは広いが、ガソリン車は時代遅れだ。4万2000ドルの車と3万7000ドルの車のどちらを選ぶべきだろう」と。二つの車種を比較するときには、この差額の5000ドルに対してどのような追加機能が得られる

＊この原則はウォーレン・バフェット、チャーリー・マンガー、ピーター・カウフマンの知恵を組み合わせたものだ。

かに意識が向き、残る二つのレンズから選択肢を評価するのを怠りがちだ。

二つめのレンズでは、どちらかの選択肢に決めた後に発生する追加コストを検討する。クルマ購入のケースでは、テスラを買った場合の充電方法、年間の維持管理費、耐久性、年間の走行距離などを検討する。三つめのレンズでは、差額の5000ドルを使って他に何ができるかを検討する。このお金で行けたはずの家族旅行を諦めるのか。投資に回したら受け取れたはずの配当金はどうか。住宅ローンを繰り上げ返済した場合の金利節約分は？　失業して急にお金が入用になった場合に備えて貯蓄するのはどうか。三つすべてのレンズで選択肢を検討することで、より良い決断ができる。

検討すべき機会費用は、金銭的なものばかりではない。金銭的費用は一番直接的でわかりやすいだけで、それゆえに多くの人がそこばかりに集中しがちだ。わかりやすい要因だけが重要なのだと、自分で自分を説得してしまう。だが多くのケースにおいて、機会費用を検討する本当の意義は、間接的な、隠れた費用を理解することにある。

時間はお金ほどわかりやすくないが、重要性は勝るとも劣らない。家族が増え、引っ越しすべきタイミングが来ているとしよう。郊外に転居すれば、子どもたちのために庭付きの広い家に住めるだろう。しかも都心で、猫の額ほどの裏庭の付いた手狭なメゾネットアパートを買うより安くすみそうだ。こうしたケースでは、多くの人が郊外へ引っ越すことで節約できる金額、そして初めて新居の敷居をまたぐときの高揚感で頭がいっぱいになってしまう。だがこのような思考は一枚目のレンズでしか状況を見ていない。このレンズでは郊外に住むことの、もう少し目立たないコストが見えない。他の二枚のレンズを装着することで、そうしたコストがはっきり浮かび上がる。

二枚目のレンズを着けてみよう。郊外の家を買ったと仮定して、「その後どうなる？」と自問するのだ。この選択肢を選んだら、あなたをとりまく状況はどう変わるだろう。まず通勤時間は変わるだろう。きっちり30分で通勤できていたのが一時間半に、しかも渋滞次第で時間が読めなくなるかもしれない。

次は三枚目のレンズだ。「代償は何か」と自問する。毎日移動に2～3時間余計に費やすことで、何ができなくなるのか。子どもたちやパートナーと過ごせる時間が減るのではないか。一緒に過ごす時間が減ることで何を失うだろう。通勤中に新しい言語を習得したり、すばらしい文学作品を読むことができるだろうか。それとも運転のイライラやストレスに悩まされるだろうか。長期的に見て、どちらの選択肢のほうがあなたの精神的・身体的健康にプラスだろうか。

ヒント 機会費用の評価を難しいと感じたら、金銭的対価を付与してみよう。たとえば一日の通勤にプラスされる2～3時間を金額に換算することで、費用がわかりやすく、評価しやすくなる。

ただ機会費用の評価が難しい事柄に金額を付与するのは、単なるツールに過ぎないことを頭ないに入れておこう。どんなツールにも言えることだが、それが役立つ作業がある一方、万能ではない。単に見えないものを見えるようにする試みだ。ときには金額を付与することで、トレードオフの評価が大きく歪んでしまうような重要な要因もある。「数値化できるものがすべて重要とは限らず、また重要なものがすべて数値化できるとは限らない」というアインシュタインの（ものとされる）名言もある。こうした「プライスレス」な要因の評価こそ、超一流の意思決定者の強みであることは後ほど見ていく。

第19章 選択肢を評価する

Evaluate the Options

問題の解決につながりそうな手をいくつか考えた。いずれも実行すれば、うまくいく可能性はありそうだ。今度はそれぞれを評価し、より良い未来につながる可能性が一番高いものを選ばなければならない。この作業には一つの構成要素がある。（1）選択肢を評価する基準と、（2）その基準をどう適用するか、だ。

どんな問題にも、それぞれ固有の評価基準がある。多くの問題に共通するのは機会費用、投資リターン（ROI）、期待される結果の実現可能性などだが、他にも多くの基準がある。問題を理解していれば、基準は自ずと明らかになるはずだ。最近、私は自宅を改装した。業者選びの基準に含まれていた項目は、経験豊富なスタッフがいること、スケジュールへの対応力、工期の参考になる過去プロジェクトの存在、そして職人の質だ。

具体的な基準がなかなか定まらないとしたら、原因は問題をよく理解していないか、あるいは基準の要件を理解していないかだ。要件には以下が含まれる。

明快さ　シンプルかつクリアで、専門用語を一切含まない。理想的には12歳の子どもが聞いてもわかるものでなければならない。

目標達成を後押しする　目標達成に寄与する選択肢のみに高評価を与える。

決定力　一つの選択肢だけに最高評価を与える。複数の選択肢が同点ではいけない。

ここに挙げた要件を満たさない基準を使うと、判断ミスにつながりやすい。基準が複雑すぎると、使う人に適用方法がわかりにくくなる。基準が曖昧だと、使う人が自分の都合の良いように解釈できてしまう。その結果、使う人それぞれの目的や気分によって基準の適用方法にばらつきが出る。すると意思決定プロセスが感情デフォルトの餌食になってしまう。

職場での意思決定基準が曖昧であったり、専門用語だらけだったりすると、その解釈をめぐって延々と議論が行われるようになる。職場で使われる言葉や文の意味には共通理解があると思われがちだが、実際は違う。誰もが自分の定義は一貫していると思っているが、それも違う。「戦略的」という言葉の意味するところは、使う人によって異なるケースが多い。基準が曖昧だと、意思決定者は誰の意見が正しく、誰の意見が正しくないのか判断できなくなり、議論の内容はどの解決策がベストかではなく、言葉の解釈に終始する。

基準が目標達成を後押ししないこともある。原因はたいてい社会性デフォルト反応にある。

よくある例の一つが、リーダーが対象者の資質ではなく、性格の良し悪しをもとに採用や昇進を決定するケースだ。

好人物であることと、仕事で有能であることは同義ではない。性格の良さを人事の判断基準に使うと、組織の目標達成を後押ししないことが多い。

ときには基準が誤った目標を後押しすることもある。会社にとって長期的に最善の策ではなく、一番手っ取り早くできることのほうにチームを誘導するのだ。その悲惨な例が1986年1月に起きた。

スペースシャトル、《チャレンジャー》号の発射は、ほんの数週間後に予定されていた。米国航空宇宙局（NASA）はスペースシャトルを宇宙空間で科学的および商用ミッションを遂行するための信頼性の高い手段として確立しようとしており、おそろしく野心的な発射計画を立てていた。ロナルド・レーガン大統領と調整し、大統領の一般教書演説とシャトルの発射が同日になるように予定を組んだ。全米の小学校が宇宙空間から初の遠隔授業を受けることにして、発射がメディア大注目のイベントになるようにした。

だが発射数日前の飛行前ミーティングで、チャレンジャー・プロジェクトを請け負ったモートン・チオコール社の技術者らは涙ながらに反対意見を訴えていた。発射予定日の気温が低すぎ、シャトルのOリングがうまく機能しない可能性があることがわかっていたからだ。Oリングが破損すれば大惨事になる。技術者らは問題を解決する時間が欲しい、さもなければ気温が高くなるまで発射を延期してほしいと、NASAに懇願した。その訴えは退けられた。「君たちの勧告には愕然とする」とNASAのある幹部は言い放った。別の幹部は「いつまで発射を延期してほしいんだ？　来年4月か？」と言った。[1] 1980年代に物心がついていた人は、それが引き起こした事態を覚えているだろう。チャレンジャー号は発射から73秒後に爆発したのだ。発射日を決定する基準は当然、早さではなく安全性という目標に沿うべきだった。

同じように惰性デフォルト反応も目標達成につながらない基準が選ばれる原因となる。たとえば経営上層部は市場環境の変化に気づかないかもしれない。時間をかけて新たな状況を理解し、それに従って基準を調整する代わりに、もはや目標達成につながらなくなった過去の基準に固執するかもしれない。

決定力に欠ける基準もある。選択肢を絞るのに役立たなければ、基準の意味はない。基準が決定力に欠けるのは、設定者が問題をよく理解しておらず、自分がミスを犯すのを恐れているサインでもある。結果に責任を負いたくない人、あるいは自分が何を望んでいるのかはっきりわかっていない人は、社会性デフォルト反応の格好の餌食になる。

友人たちと夕食を食べる店を選ぶ場面を考えてみよう。誰かが最初に「メキシカンにしようよ」と提案する。すると別の誰かが「昨日メキシカン食べたばかりなんだ」と言い出す。誰かが「サラダはどう？」と言えば「サラダじゃ腹が膨れない」と反論が出る。そんな具合にうんざりするほどやりとりが続き、結局みんな腹ペコになって、一番手っ取り早く入れる店にする。私はあまりにもこういう場面に遭遇してきたので、滑稽にさえ感じる（あなたが次に同じような場面に遭遇したら、よく注意を払ってほしい）。

問題は、多くの場合において否定的基準を並べるだけでは決定力がない、それでは選択肢を一つに絞れないということだ。その結果、最終判断を偶然あるいはその場の状況に委ねることになる。ことわざにもこうある。「目的地がわからなければ、どの道を進んでも目的地に着く」

反対に友人たちと食事する場所を決めるとき、それぞれが嫌なことではなく、望むことを言うとしよう。

- 「徒歩10分圏内で、サラダのある店」
- 「ハンバーガーが食べられる店」
- 「なんでもいいから、早く何か食べたい」

といった具合に。その方が場所はずっと早く決まり、望みのものが食べられる人も増える可能性が高い。

一番大切なことを見きわめる

すべての基準が同じではない。変数は100個あるかもしれないが、重要度はまちまちだ。何が一番重要かはっきりしていれば、選択肢を評価するのが容易になる。判断を誤りたくないという理由で、一番重要なものを選ぶのを躊躇する人は多い。

一番重要なことは何かを伝えなければ、部下はそれが何か推測しなければならなくなる。そこで上司に問題を解決してもらおうと頼ってくる。上司は自分が必要とされ、重要な人物である気分を味わえるものの、本来同僚が下さなければならない決断を下すのに手いっぱいになる。自分がボトルネックであることをひそかに喜んでいる管理職は多い。部下に頼られる気分がたまらないからだ。このワナにはまってはならない。これはエゴデフォルト反応のしわざであり、そのままでは先は見えている。エゴデフォルトはあなたが一番優秀だと思い込ませようとする。あなたは本当に優秀で、有能で、洞察力に優れているので、他に決断を下せる人などいない、と。現実には部下が能力を最大限発揮する妨げになっているだけだ。

私は手痛い失敗を通じてこの教訓を学んだ。あるチームの責任者になったとき、部下があらゆる決定事項について私におうかがいを立ててくるので驚いた。前任者がそういう習慣をつくったのだ。

業務をスピードアップするため、私は部下に決定事項を三つに分類するよう求めた。

1 私の指示をあおがずに部下自身が決定できる事項

2 部下が判断の根拠を私に説明し、確認したうえで決定できる事項

3 私自身が決定すべき事項

それでも問題は解決しなかった。数カ月が経った頃、私はメンターに相談した。「君の部下たちは、どの決断を自分で下し、どの決断はあなたが下すべきか本当にわかっているの？　分類方法は明確なのかい？」とメンターは尋ねてきた。

「もちろん。でも仕事の性質上、僕が不在のときには三番目の分類も部下自身が決断を下さなければならない。それが一番大きな問題で、部下たちにはどうしても決断が下せないようだ」と私は答えた。

「一番大切なことは何か、彼らは理解しているのか？」とメンターはさらに踏み込んできた。

「どういう意味？　一番大切なことは案件によって異なるでしょう」。私はいくつか異なる決定事項の例を挙げて、変数がどのように違うか説明した。

「そういうことじゃないんだ。君の部下たちは、君が何を最も大切だと考えているのか理解しているのか？」。メンターはそう言って、私の目をまっすぐ見た。「シェーン、君は自分が何を最も大切だと考えているのか、理解しているのか？」。私は茫然と見つめ返した。メンターはため息をついた。「問題は部下にあるんじゃないよ、君自身だ。何が一番大切なのか、君がわかっていない。君がそれを理解するまで、部下が君に相談することなしに決断を下すことはないだろう。彼らにとって何が一番大切なのか自分で判断するのはリスクが高すぎる。何が大切かを君が部下に伝えれば、自分たちで判断を下せるようになる」

「彼らが判断を誤ったら？」

「一番大切なことを基準に判断を下すかぎり誤ることはないよ」。メンターはそこで一度言葉を切ると、ゆっくりこう続けた。「このたった一つの答えがわからなくて、職業人として伸び悩む人は実に多いんだ」

その日、私は三つの重要な教訓を学んだ。一つめは部下にどのように意思決定をしてほしいか指示しなければ、彼らにそれを期待することはできないということだ。そのためには検討すべき無数の変数を与えるのではなく、たった一つ、最も大切なことに照準を絞る必要がある。二つめは部下が最も大切なことを心に留めつつ意思決定をし、その結果が間違っていたとしても責めてはいけないということだ。そんなことをしたら、二度と私に相談せずに意思決定などしなくなるだろう。そして最も大きな気づきは、三つめの教訓だった。何が一番大切か、私自身がわかっていなかったということだ。だから部下に伝えることもできなかった。

評価段階のセーフガード

どんなプロジェクト、目標、会社においても一番大切なことは一つしかない。二つ以上あるなら、それはクリアに思考できていないということだ。これはリーダーシップと問題解決全般にかかわる非常に重要なポイントだ。リーダーは部下が自分で判断を下せるように、最も重要な基準を一つ選び、誰もが理解できるような方法で伝えなければならない。これが真のリーダーシップだ。部下がどのような価値観にもとづいて意思決定をすべきか、明確にする必要がある。私が「一番重要なのはお客様に奉仕することだ」と言えば、あなたは私に相談しなくても意思決定ができるはずだ。たとえあなたが判断を誤っても、それが顧客を第一に考えてのことなら私にあなたを責めることはできない。私の期待どおりにしたのだから。

ただ、何が最も重要かを見きわめるのはスキルだ。つまり訓練が必要なのだ。その方法を説明しよう。

　このエクササイズには付箋（ふせん）を使うのをおススメする。それぞれの付箋に選択肢を評価するための基準、あなたにとって重要な基準を書いていく。たとえば私はショッピファイのプラットフォームで最大かつ最高のデザインエージェントの一つ、ピクセルユニオンへの投資を決断する際、自分にとって重要な基準をいくつか書き出した。そこには次の項目が含まれていた。

●従業員、顧客、株主にとってウィン・ウィンである
●事業を縮小ではなく成長させる
●信頼できる相手と仕事をする
●私が部下を管理する必要がなく、仕事は増えない
●借り入れをしない
●適正な投資リターンが得られる可能性が高い

　他にもたくさんあったが、イメージはつかんでもらえたのではないか。一枚の付箋には一つだけ基準を書く。というのも次に基準同士のバトルが始まるからだ。

　付箋のなかからあなたが一番大切だと思う基準を選び、壁に貼る。それから別の基準を手に取り、両者を比較する。「一つを選ばなければならないとしたら、どちらの方が重要だろうか」と自問するのだ。

先ほどのピクセルユニオンへの投資という例に戻ると、最初の対戦相手は「適正な投資リターン」と「私が部下を管理する必要がなく、仕事は増えない」だろうか。つまり「投資リターンを得るために部下を管理する」か「部下を管理する必要はないが、投資リターンは低くなる」かの二者択一だ。それなら部下を管理しなければならなくても、投資リターンを選ぶ。

もちろん、部下を管理するといっても限度がある。それにあまりに時間をとられるようなら優先順位を入れ替えるかもしれない。そこで次のステップとして、数量を追加する。基準同士を競わせると、判断は数量によって変わることに気づくだろう。基準同士を競わせながら、数量を書き加えていこう。

たとえばＲＯＩが年15％以上なら、週5～10時間は部下を管理したり、直接現場で仕事をしたりすることを厭わない。週10時間以上をこの投資先に費やすのなら、ＲＯＩは20％以上でなければならない。週20時間以上を費やす必要があるなら、ＲＯＩがどれだけ高くても投資先として価値はない。その時間の機会費用が高すぎるからだ。

この二つの基準を比較して優先順位が決まったら、次のペアに移る。一番重要度の高いペアから低いペアへ、基準同士を競わせながら優先順位を決め、その過程であなたにとって重要な数量を追加していこう。

このエクササイズをやってみると、二つの基準を見て「必ずしもどちらか一方を選ぶ必要はないのではないか」と思う場面が出てくる。それでも敢えてどちらかを選ぼう。本当に重要なのは比較することではなく、どちらがより重要か意識することだ。現実には両方の基準を満たせることもあるだろう。たとえば社会的責任を果たす企業に投資しながら、高いＲＯＩを確保できるかもしれない。週3回外食しながら、痩せられるかもしれない。予算の範囲内で好立地の物件を購入できるかもしれない。ただどれか一つの選択肢を選ぼうとすると、ほんのわずかでも一つの基準を別の基準より優先させなければならないことが多い。基準同士を競わせるのは、この微妙な差を見きわめる作業だ。これが無意識のうちに状況に反応するモードから、意識的に思考するモードへと転換するための心理的訓練になる。

この段階では、基準を数量に換算して考えることが役に立つ。選択肢を比較し、それぞれにどれだけの対価（対価は時間、お金、関係者の能力の場合もある）を支払う気があるかを考えはじめると、自分にとって何が最も重要であり、何がそうでないかがはっきり見えてくる。メリットとリスクの観点から選択肢を考えるようになり、それまで見えなかったものが見えてくる。見えざるコストが可視化されるのだ。こうした理由から基準同士を競わせるのは、判断の客観性や正確性を高めるとともに、自分にとって何が最も大切かを明らかにするのに役立つ。

判断の基準と優先順位が定まったら、それを選択肢に当てはめていく。そのためには選択肢に関する情報が必要だ。情報は関連性と正確性という二つの要件を満たさなければならない。

ほとんどの情報は役に立たない

意思決定に関連する情報を集めるときには、次のことを頭に入れておこう。

標的の原則 情報のふるい分けをする前に、自分が何を求めているかをはっきりさせる。

自分が何を探しているのかわからなければ、それを見つけられる可能性は低い。標的が何かわからなければ、弾が命中する可能性が低いのと同じことだ。何が重要かわからなければ、判断に役立つ情報を見逃す一方、どうでもいい情報に膨大な時間を費やすことになる。

ほとんどの情報は役に立たない。無視すべき情報を理解すること、雑音と信号を区別することは、貴重な時間を無駄にしないためのカギとなる。投資判断の例で考えてみよう。一流の投資家は多くの変数のうち、どれが確率的に結果に影響を及ぼすか知っていて、それに注意を払う。他の変数を無視するわけではないが、主にこうした変数に集中することで、膨大な情報をあっという間に選別できる。

何が重要で、何が重要でないかを迅速に見分けられる人は、膨大な情報にあふれた世界で圧倒的な強みを持つ。無視すべきことがわかっていれば、重要なことに集中できる。一流の投資家の手本に倣い、情報を選別する前に選択肢を評価するうえで重要な変数を把握しておこう。

情報の上澄みや要約だけを得ていたら、死角が生まれる

正確な情報を入手するうえで、わきまえておくべき原則は二つある。「信頼性の原則」と

「専門性の原則」だ。前者はどのような状況下でも可能なかぎり最高の情報を入手するのに役立ち、後者は外部から可能なかぎり最高の情報を入手するのに役立つ。

信頼性の原則　一次情報源から、他者のバイアスや利害の影響を受けていない信頼性の高い情報を入手する。

決断の質は思考の質で決まる。思考の質は情報の質で決まる。
あらゆる情報源を同等に扱う人は多い。それは間違いだ。あなたが全員の意見に耳を傾けるべきだと思っているとしても、すべての意見に同じ重みを与える必要はない。

私たちが入手する情報の多くはハイライト、概要、あるいは要約だ。それは知識の幻影に過ぎない。答えは得られるが、そこに自らの思考が入り込む余地はない。

栄養士に相談する場面を考えてみよう。長年の経験と知識をもとに、食べるべき食品や実践すべき行動をリストにまとめてくれるだろう。答えだけが知りたければ、何をどれだけ食べればよいか、指示してくれるだろう。これは要約だ。小学6年生が算数のテストで、隣の席の子どもから答えを写させてもらうのと変わらない。それで正解が書けるかもしれないが、なぜそれが正解なのかはわからない。そこには理解が欠如している。理解の欠如した情報は危険だ。
要約は時間の節約と意思決定の改善につながると思われがちだが、たいていそうではない。要約を読むほうが文書を全部読むより早く済むかもしれないが、その結果、多くの細かい情報を見逃すことになる。文書を要約した人には不要だったかもしれないが、あなたには重要な情報を時間節約の代償として見逃す。情報の上澄みだけをすくっていると、思わぬ死角が生まれる。

情報は頭脳の栄養だ。今日摂取したものが、明日の問題解決を支える。どんな食べ物を口にするかはあなた自身の責任だ。どんな情報を脳に送るかも同じである。毎日ジャンクフードを食べていたら健康を維持できないように、質の低い情報ばかり取り込んでいても優れた判断はできない。質の高いインプットは、質の高いアウトプットにつながる。

要約で済ませたいという欲求は理解できる。日々情報の洪水にさらされていると、とても手に負えないという気になる。だが大元の情報源から遠くなるほど、情報が手元に届くまでのフィルターの数も増える。要約ばかり摂取するのは、ジャンクフードを食べて暮らすのと同じだ。栄養価が低くなる、つまり意味のある情報量は低くなり、得られる知識も少なくなる。

本物の知識は獲得するものだ。要約は借り物に過ぎない。意思決定者の受け取る情報や意見が、問題が起きている現場から何段階も離れた管理職が作成したものであることがあまりに多い。こうした要約に頼っていると、エゴデフォルト反応の罠に陥る。それは知識の錯覚を生む。問題を本当に理解していないのに、何をすべきかわかった気になるのだ。

質の悪い情報にもとづいて質の高い判断を下すことはできない。誰かがあなたには理解できないような判断をするのは、その人物が受け取った情報はあなたが受け取った情報と違うからかもしれない。ジャンクフードを食べていると最終的に体を壊すように、質の低い情報は最終的に質の低い判断につながる。どうすれば質の高い情報を手に入れられるだろうか。

問題について一番正確な情報を持っているのは、たいていその問題に一番近いところにいる人々だ。ただ彼らには広い視野が欠けていることが多い。マクドナルドの店で働いているスタッフはデータ解析部門の人材より、自分の店で起きている問題を解決する方法はよくわかっている。だがそれが会社全体の問題とどうかかわっているかはわからない。他の店でも同じ問題が生じていないか、ある解決策を世界規模で実施したら弊害の方が大きくならないか、どうすればアイデアを広く周知することができるかは、スタッフの立場からはわからない。

私の友人のティム・アーバンが、こうした状況を説明するための優れたメタファーを考えた。とあるレストランにシェフと現場のコックがいる。[2] どちらもレシピ通りに料理をつくることはできる。すべてがうまくいっているときには、調理プロセスにも結果にも両者の違いはない。だが何か失敗が起きたとき、シェフには理由がわかる。コックにはたいていわからない。シェフは長年の経験、試行錯誤、内省を通じて料理への深い理解を培ってきた。だから問題が起きたとき、その原因を診断できるのはコックではなくシェフなのだ。*

歴史を振り返ると偉大な思想家はおしなべて情報を自ら集めていたことがわかる。身をもっ

＊ これは思想家のナシーム・タレブのいう「領域依存性」の概念だ。答えはわかっているが理解が欠如しているため、問題のトラブルシューティングができない、あるいは一見同じだが細部の異なる問題に知識を応用できないといった事態だ。

て経験したり、事例を入念に研究したりして、手間暇かけて知識を獲得していた。ありのままの生の情報を求め、体を張って世界と直接触れ合った。

レオナルド・ダヴィンチはその最たる例だ。ダヴィンチは生涯にわたって日記をつけており、そこには彼がどのように正しい情報を得ていたかが書き留められている。たとえば「算術の達人に三角形から四角形に作図する方法を教わる」「水力学の達人にロンバルディア地方の閘門（こうもん）、運河、水車の修復方法を習う」などと書かれている。

偉大な思想家は質の高い情報を得ることの重要性を理解しており、他の人が要約した情報の有用性は低いことを知っている。

組織のなかを伝達される過程で情報の質は低くなり、ニュアンスは失われていく。伝言ゲームを思い出してみよう。文章を隣の人に耳打ちし、隣の人はそのまた隣の人に耳打ちする、という具合に伝言していくと、クラスの半分もいかないうちに当初の文からまったく違うものになっている。誰か一人が必ずしも大きく変えるわけではなく、多くの人が介在するなかで小さな変化が積み重なっていく。同じことが組織内の情報伝達でも起こる。情報は個人の理解度、社内政治の影響、バイアスなど多くのフィルターをくぐっていく。当初の情報に含まれていた詳細は抜け落ち、信号は失われる。伝達にかかわる人が抱いているさまざまな思惑によって、情報はさらに複雑化していく。

人間は情報の伝達手段として頼りにならないというだけの問題ではない。要約が提供できる情報には限界があることが問題なのだ。たとえば地図は現実の地形を要約したものだ。その場には岩、植物、動物、都市、風、気候などさまざまなものが存在している。地図を描くとき、そのすべてを含めることはない。道路、川、地理的境界など自分にとって関心のあることだけだ。こうした地物を風景から引っぺがして、それらを中心に地図を描く（「抽象化」とはまさに要素を「抜き出す」という意味だ）。

不要な情報を取り除くからこそ地図は有用になる。だがそのプロセスのどこかで誰かが、自分の関心にもとづいて何が必要で何が不要か判断している。あなたの関心がその人物と一致しなかったらどうか。知りたいのがその地域の人口密度や地層だったら？　地図とはそうした概念を調べるためのものではないので、あなたの役には立たないだろう。

地図について言えることは、他の要約にも当てはまる。要約はそもそも、作成する人の関心に沿ってつくられる。作成者とあなたの関心が違えば、要約からあなたが必要とする情報は得られない。同じように二次的な情報源から得られる情報にも、その情報源の関心というフィルターがかかっている。あなたとその人物の関心は異なっている可能性が高いので、彼らの作成した概要、ハイライト、描写からは、あなたの判断に役立つかもしれない有益な情報が抜け落ちている可能性が高い。

私はある大企業のＣＥＯの下で働いているとき、正確な情報の重要性を思い知った。ＣＥＯの目に触れるものは、すべて私がチェックすることになっていた。ある日の早朝、ＣＥＯの直属の部下から、業務に悪影響を及ぼしている技術的問題を指摘するメールが届いた。この問題について情報を集めてＣＥＯに報告すると、シンプルな質問をされた。「その情報はどこから得たんだい?」。部門を統括するバイスプレジデントからですと答えると、CEOの顔に失望の色が浮かんだ。しばらく沈黙が落ちた。

ようやく口を開いたCEOは静かな声でこう言った。「私の判断の質は、情報の質で決まるんだよ」

CEOは信頼性の高い情報を受け取っていなかった。組織内の人々には自らの失敗を隠蔽し、自分がよく見えるようなかたちで情報を伝えようとする動機づけが働く。それをCEOはよくわかっていた。そうしたフィルターによって状況は明白になるどころか、わかりにくくなることも。

優れた判断をしたければ、優れた情報が必要だ。できるかぎり対象を自ら学び、直接見て、やってみる必要がある。ときとして一番有用な情報は一番伝達しにくいものだったりする。

信頼性の高い情報は優れた選択肢をあぶりだす

ジョージ・マーシャル米陸軍元帥ほど有能で、私利私欲のないリーダーはいなかった。自軍の命運を天に任せることは決してなかった。信頼性の高い情報を重視し、常に一次情報を取りに行った。

第二次世界大戦中のあるとき、陸軍省と太平洋地域の空軍部隊とのあいだでトラブルが起きた。パイロットが飛ぶのを拒否していたのだ。マーシャルが受け取った報告は、飛行機に何か問題があることを示唆していた。部品の問題ではない。空軍が求める部品はすべて供給されていた。パイロットは飛行機の改造を求めているのか、とマーシャルは尋ねた。アメリカの戦闘機は日本のゼロ戦より重く、操作性が劣っていたので、重量を減らすために装甲を取り外した戦闘機もつくらせた。だが問題はそれでもなかった。パイロットは装甲を取り外してほしいとは思っていなかった。

いったい何が起きているのか、なかなか把握できない。司令官から話を聞いても手がかりはつかめなかった。そこでマーシャルはいつもの手に出た。直属の部下を派遣し「現場をよく見て、報告されていないこと、空軍が声高に主張していないことに目を凝らせ」と命じたのだ。陸軍省本部から視察に送られてくる人を歓迎する者はいない。司令官だろうが現場のコックだろうがそれは同じで、みなが警戒心をむき出しにする。だが問題の核心に迫るため、マーシャルには現場で目となり耳となる者が必要だった。一次情報を得なければ答えは得られないことがわかっていたからだ。

マーシャルが現場に送り込んだ部下が発見したのは、空軍の整備士や技術者などの地上勤務員には蚊除けの手段がないという事実だった。夜に虫の集まる電灯の下で戦闘機を整備するので、蚊に刺されまくるというのだ。整備士がマラリアにかかったり、大量の抗マラリア剤を打たれているのを見て、パイロットは整備士の仕事を信頼できないと考え、飛ぶのを拒否していた。

しっかり蚊除けされた本部で働く人々には、現場で実際に何が起きているのか、まるでわかっていなかった。このため弾薬、部品、食料など戦闘に必要な物資だけにとらわれ、蚊帳には気が回らなかった。だが信頼性の高い情報を得たマーシャルは、戦闘用物資をどけて蚊帳を積ませた。これで問題は解決した。

問題を理解して解決する唯一の方法は一次情報を得ることだと、マーシャルにはわかっていた。そこで常に自ら最前線に赴くか、信頼できる部下を送るかして、実際に何が起きているかを知ろうとした。[3]

信頼性の高い情報を確保する

信頼性の高い情報の重要性がわかったところで、それを確実に入手するためのセーフガードを見ていこう。

セーフガード 実験する 実際にテストし、結果を見る。

実験はリスクを抑えつつ重要な情報を集める手段だ。たとえば消費者が何かをお金を出して買うか知りたければ、つくる前に売ってみればいい。それをやったのが寝具ブランド『タフト&ニードル』を創業した私の友人たちだ。同社は消費者向けのフォームマットレス宅配事業のパイオニアだ。あるときコーヒーを飲みながら、創業初期のすばらしいエピソードを語ってくれた。自分たちの事業アイデアの有効性を確かめるため、販売ページを立ち上げ、フェイスブックに広告を出し、注文を取りはじめたという。まだ製品もなければ、会社さえ立ち上げていなかった。自分たちの会社からフォームマットレスを購入するお客がいるのか、確かめたかっただけだ。数日間注文を受けただけでニーズがあるという証拠は十分集まった。そこでいったんすべての注文に返金し、正式に会社を立ち上げた。これはやや型破りな例だが、製品やサービスに十分な需要があるか、実験によって見きわめる方法はたくさんある。

セーフガード　情報源がどのような欲求や動機を持っているのか見定める。誰もが限られた視点から世界を見ていることを頭に入れておこう。

自ら直接現場に出向いて確認できないときには、関係者の欲求や動機を見定めることがとりわけ重要になる。どうしても誰かの情報や意見に頼らざるを得ないなら、あなたには彼らがどのようなレンズで状況を見ているか考える責任がある。誰もが限られた視点で問題を見ている。誰にも死角がある。さまざまな人の視点を組み合わせ、真実に近づくのが意思決定者の役割だ。

私たちが事実や情報だと考えているものの多くが、単なる意見、あるいはわずかな事実をたっぷりの意見と混ぜたものだ。たとえばあなたが家を売ろうとするとき、銀行、不動産代理店、買い手側の代理店、あなたの友人、家屋の検査人、インターネット、行政機関など関係者は売却価格について、まったく異なる見解を示すはずだ。それぞれが状況の一部しか見ていない。それぞれに異なる欲求や動機があり、それによって目に映る世界は違う。ありのままの現実をよりはっきり見るために、異なる立場の人が提供する情報がその人自身にどのようなメリットをもたらすかを考え、さまざまな見解を集めて全体像を組み上げてみよう。

それぞれの人の視点は、世界を見る異なるレンズだと考えるといい。彼らのメガネをかけると、あなたにも彼らが見ている景色が見え、彼らの考えていることがよくわかるだろう。だがそれぞれのレンズには死角があり、重要な情報を見落としていたり、事実と意見を取り違えていたりすることも多い。すべてのメガネをかけてみれば、他の人々が見落としていることが見える。

他者から情報を受け取るときには、オープンマインドでいなければならない。それは主観をできるだけ排することを意味する。自分の主観、信念、視点を他者に当てはめ、情報収集のプロセスを台無しにする人は多い。だがプロセスの目的は賛成や反対を表明することではない。他者を評価し、「あなたは間違っている」と言うことは、相手の心を閉ざし、情報の流れを妨げるだけだ。情報を集めるとき必要なのは、世界を他者の視点で見ることだ。相手の経験、そして相手がそれをどう処理したかを理解しようと努力することだ。相手のモノの見方に賛同しないときでも、貴重な情報を学ぶことはできる。問いを投げかけ、思ったことを口に出さず、相手の見解に興味を持ち続けよう。

セーフガード　他者から情報を集めるときには、詳細な回答が返ってくるような問いを投げかけよう。相手の意見ではなく、「考え方」を聞こう。

特定の状況において何をすべきか誰かに聞けば、正解は得られるかもしれない。だがそれではあなたは何も学べない。たとえば地方自治体のタスクフォースが、あるプロジェクトのためにソフトウエア開発者を採用しなければならないとしよう。だが経験がないため、どのような条件で人材を探せばよいかわからない。タスクフォースのA委員は知り合いの開発者に「このプロジェクトのために誰を雇えばいいと思う？」と尋ねる。B委員も同じように知り合いに声をかけるが、尋ね方は違う。「ソフトウエア開発者を採用しなくてはいけないので君の経験から学びたいんだ。どのようなスキルが重要なのか、そしてどのような知識なら作業をしながら学べるのか。その理由は？　最高の人材はどこで探せばいい？　重要なスキルがあるか、どうすれば確かめられる？」。そんな具合に質問を重ねる。

B委員はこの最初のやりとりでふさわしい人材を紹介してもらえないかもしれないが、最終的にA委員よりも有能な候補者に巡り合う確率は10倍高いと私は思う。その理由は、B委員が今回のプロジェクトだけに役立つ個別具体的な情報ではなく、この分野で意思決定を下す指針となる原則を尋ねているからだ。他者がすでに苦労して獲得した知識を尋ね、それを自分のものにしようとしている。

意思決定プロセスの目的は、単なる情報収集でなく、意思決定に有益な情報を集めることだ。そのためにはたくさんのデータポイントを集めるだけでは足りない。それぞれのデータの背後にある理論や方法論、すなわちその分野の一流の意思決定者が拠りどころとする原則を理解する必要がある。

こうした原則を手に入れるためには、正しい質問を投げかける必要がある。次の三つをおススメしたい。

質問1 あなたが私の立場だったら、この判断を下すためにどのような変数を使うか。それぞれの変数同士の関係は？

質問2 この問題について、私（そして一般の人）が知らないことであなたが知っていることは何か。経験豊富なあなたには見えて、経験のない人には見えないものは何か。ほとんどの人は見落としているが、あなたには見えることとは何か。

質問3 あなたが私の立場だったら、どのような手順で事を進めるか。あなたならどうやるか（あなたの母親や知人にはどんな方法をアドバイスするか）。

「私はこういう問題を抱えているんだけれど、どうしたらいい？」というありきたりな聞き方とどれほど違うか、おわかりいただけただろう。どのような質問をするかによって、得られる情報の質が決まることをしっかり胸に刻んでおこう。

専門家から正確な情報を得る

ここまで信頼性の高い情報を得る大切さについて述べてきた。正確な情報を入手するための二つめの原則は、専門性の高い情報を得ることだ。

> **専門性の原則** 専門性の高い情報を入手する。専門性の高い情報は、特定の分野で豊富な知識や経験がある人と、多くの分野で知識や経験がある人の両方から得られる。

問題をよく知っている人から直接情報を得られないときは、最近同じような問題を解決した人を探そう。ここで重要な意味を持つのが「最近」という言葉だ。専門家から具体的アドバイスを得るときには、あなたが今直面している問題を最近解決した人を探す。20年前に同じような問題を解決した人にどうやったか聞いても、具体的で有効な知識が得られる可能性は低い。必要なのは現役の専門家だ。それもテレビに出ている有名人ではない。彼らが本当に専門家であるケースはまれだ。

専門家はあなたが入手する情報の正確さを高めると同時に、正確な情報にたどり着くまでの時間を短縮してくれる。たった一人でも専門家のアドバイスを得るだけで、多くの迷いがすっきりして、迅速に選択肢を考えたりボツにしたりするのに役に立つ。

私は情報機関でプログラミングの仕事を始めて、専門家から直接アドバイスを受けることの価値を痛感した。その仕事は、私がそれまで学んできたプログラミングとまるで違っていた。学生時代はグーグルで必要なことを調べて組み合わせればなんとかなった。たくさんの人がとっくに同じような問題を解決していて、その後も解決策はそれほど変わっていなかったからだ。だが情報機関で与えられた仕事ははるかに難しかった。セキュリティ上の理由から仕事に関することをグーグル検索するのは禁止されていた。またたとえ許可されていても、役には立たなかったはずだ。情報機関はこれまで誰もやったことのないことをやろうとしていたのだから。

仕事を始めて数カ月後、私はある問題で完全に行き詰まった。まさに八方塞がりだ。子どもの頃から問題に直面するたびにたくさんの人からアドバイスを受けるようにしてきたが、最終的には自分が集中して努力しさえすれば、いずれ答えは見えてくると信じていた。数日が経ち、さらに数週間が過ぎた。それでも何が問題なのか、さっぱりわからなかった。ようやく私は謙虚になり、以前同じような問題に取り組んでいた人に連絡して状況を説明した。

「キミの書いたコードを見せてくれるかい?」とその人は言った。そして20分も経たずに問題を突きとめた。一部のエッジケース［境界値まわりのトラブルが起きやすいケース］で、ドキュメンテーションに書かれていた内容と実際に発生している事象に微妙な齟齬(そご)があったのだ。エッジケースに遭遇する人はほとんどいないため、問題はドキュメントに載っていなかった。だが私の相談相手は同じ問題に直面し、膨大な時間をかけて解決した経験があった。そして苦労して手に入れた知識を、喜んで私と共有してくれた。自分が意固地だったせいで数週間を無駄にしてしまったことにモヤモヤはあったが、それをきっかけにこの人との交流が始まり、何年にも渡って多くを学ばせてもらった。

たった一人の専門家の意見が、数十人、数百人のアマチュアの思考や推測より役に立つこともある。だがどうすれば専門家に手を貸してもらえるだろうか。

私は専門家のアドバイスの両サイド、つまり与える側と受け取る側の両方を経験してきた。私はしょっちゅう専門家に連絡をしてアドバイスを求めるし、また何千人という人からアドバイスを求められてきた。専門家に助力を求めたり、一緒に働くことに関して、私が学んできたことを共有しよう。

専門家を味方につける

専門家に助けを求めるのを嫌がる人は多い。理由はたいてい、そんなことができると思わないから、あるいは相手に迷惑をかけたくないと思うからだ。専門家が知人であるときには、羞恥心が邪魔をすることもある。こちらが意外とモノを知らないことがバレてしまうかもしれない、と。

こういう不安を抱いている人がまず知るべきなのは、専門家は自分の知識が役に立つと思えば、喜んでそれを共有するということだ。他の人々の目標達成を後押しすることは、人生や仕事にやりがいを与えてくれる。状況を客観的に見るために、あなたが得意分野で誰かから助けを求められ、役に立った場面を考えてみよう。どんな気分だろう。たいていの人は自分の専門知識を誰かと共有することをとても楽しいと思う。自分の能力を活かすこと、その能力があると他人に認められることをうれしいと思う。

ただ専門家は持ち込まれる依頼をすべて同等に扱うわけではない。受け取って嫌な気分になる依頼もある。たいていは「どうすればいいか教えてください」というタイプの依頼だ。こういう人は自分で事前に調べるべきことも調べず、ただ自分の代わりに判断してほしいと思っている。私はこういう依頼を年数百件、ときには数千件も受ける。自分の代わりに、私に問題を解決してくれというのだ。自分の考えを20ページもつらつらと書き連ね、「で、どうすればいい？」と言う。*

ここで頭に入れておこう。誰かに何をすべきか教えてもらうことが目的ではない。専門家なら同じ問題をどう考えるか、どのような変数を考慮に入れるか、そうした変数が長期的にどう影響しあうかを学ぶことだ。専門家に問題を説明し、ただどうすべきかを教えてもらうのは、要約をもらうのに等しい。正解をもらえるかもしれないが、あなた自身は何も学ばない。そして物事がうまくいかなければ（うまくいかないことは必ずある）、その理由があなたにはさっぱりわからない。現場のコックがシェフのふりをするようなものだ。そうではなく、専門家なら問題をどのように考えるかを尋ねれば、あなた自身の理解が深まっていく。

ではどうすれば専門家にあなたの依頼に興味を持ってもらえるか、ぜひ助けたいと思ってもらえるのか。アプローチの方法を考えていこう。ポイントは五つある。

●**あなた自身の努力を見せる**　専門家に連絡するときには、あなたがすでにこの問題にどれだけの時間、エネルギー、資金を投資してきたかを伝えよう。あなた自身がやるべきことをやったものの行き詰まってしまったことを知らせよう。私なら依頼の文面から、相手が問題解決に本気であること、何ができるかを具体的に伝えるために相当の時間をかけて準備したことが伝わってくれば喜んで返信する。「やあ、シェーン。この投資機会をどう思う?」といったメールと比較すれば、どちらに返信したいと思うかは明白だろう。

●**求めるものを具体的に**　相手に何を求めているか、とことん明確にする。あなたの計画に目を通してフィードバックをもらいたいのか。問題を解決できる人を紹介してほしいと思っているのか。それが何であろうと、はっきり伝えよう。

●**相手の時間と労力を尊重する**　その道の専門家である相手の時間と労力を尊重しているとはっきり述べることは、相手に協力してもらうのに大きなプラスとなる。ただ相手へのリスペクトは行動でも示さなければならない。たとえば15分、相談の時間がほしいと頼むの

＊このやり方は絶対にうまくいかない。最初の数行で自分の質問に答えるべき理由と論点を説明できなければ、あとは読んでさえもらえない。

ではなく、一度限りのコンサルティング・ミーティングをお願いできないか、その場合の費用はいくらかと尋ねよう。専門家の対価は高い。そしてたいていそれには正当な理由がある。一時間あたり1000〜2000ドルの対価を払うとしたら、相手に何を求めるか、連絡を入れる前に明確にせざるを得ない。誰かの時間にお金を払うことで、相手が与えてくれる価値に報いることができるだけでなく、あなた自身が電話のあいだずっと要領を得ない話をして、相手と自分の時間を無駄にすることもなくなるだろう。

●相手の論理に耳を傾ける　すでに述べたとおり、専門家には意見を聞くだけでなく、モノの考え方を尋ねよう。あなた自身が専門家のように考えられるように、モノの見方を鍛えるためのリソースとして活用するのだ。専門家の考えに必ずしも賛成する必要はないが、次のことは覚えておこう。あなたの目標は専門家から優れた思考法を学ぶことであって、相手に問題を解決してもらうことではない。

●フォローアップ　今回の相談を一度限りの取引ではなく、人脈に育てたいと思うなら、あなたのプロジェクトの結果がどうなろうと進捗を報告し、フォローアップしよう。今回相手のアドバイスが役立ったかどうかにかかわらず、フォローアップを継続することで、相手には将来再びあなたを手助けする準備が整う。あなたがアドバイスを真剣に受け取ったことがわかれば、相手は再び手を貸したいと思うだろう。

もちろん大方の専門家は助けを求める人すべてに応じられない。助けが必要になる前に、個人的つながりをつくっておくほうがはるかに簡単だ。そうすれば支援を求めることは単なる仕事上のつきあいではなくなる。将来どのような分野で専門家の助けが必要になるかはわからない。だから社交的にも仕事上でも、広く網を投げておくほうがよい。今私が過去1週間分の受信箱を確認したら、何らかの「協力」を求めるメールが53通届いていた。このうち2通は友人からだった。すべてのメールに返信することはできないが、確実に時間を割く相手は誰か、想像はつくだろう。

専門家 vs 専門家もどき

専門性の高い情報を得るためには、本物の専門家に協力してもらう必要がある。だが自称（あるいは他称）専門家のなかには、実際にはそうではないケースが多い。

> **セーフガード**　時間をかけて本物の専門家と専門家もどきを見分けよう。専門家と称する人が、全員専門家であるわけではない。両者の違いを理解するために時間をかけよう。

ウォーレン・バフェットの話題を持ち出す資産運用マネージャーは本当に多い。その物言いはバフェット的だが、彼らにはバフェットのように投資するノウハウはない。つまり専門家もどきだ。チャーリー・マンガーがかつてこうコメントしている。「優れた運用マネージャーと単に口の立つ人間の違いを見抜くのは本当に難しい」

だがあなた自身が専門家ではなければ、どうすればいいのか。専門家ともどきをどうすれば見分けられるだろうか。

専門家はたいてい自分の専門分野に情熱を抱いている。だからこそ秀でているのだ。休み時間さえも知識やスキルを学び、磨きをかけるのに費やす。そうした姿勢は見ていればわかる。専門家もどきは秀でることより、秀でて見えることにこだわる。それゆえに自尊心に振り回されやすい。

見きわめるのに役立つポイントをいくつか挙げよう。

●**専門家もどきは突っ込んだ問いに答えられない**　具体的な知識は覚えるものではなく、経験を通じて獲得するものだ。だから専門家もどきは自分が語っている概念を完全には理解していない。* 彼らの知識は浅い。その結果、細部について、あるいは第一原則や特異なケースについて尋ねると、まともな答えを持ち合わせていない。

●**専門家もどきは語彙（ごい）を調整できない**　自分が習った語彙でしか説明できないので、たいていは難解な専門用語だらけになる。語彙の背後にある概念を完全に理解していないため、聞き手にわかるように説明方法を変えることができない。

●**専門家もどきは相手に「わからない」と言われるとイライラする**　イライラするのは「専門家らしく見えること」に過度にこだわるからだ。細部まで説明することができなければ、専門家らしさを維持するのは難しい。本物の専門家は努力して知識を獲得しているため、自分の知識を伝えることを楽しむ。相手が理解できなくてもイライラしない。むしろ自分にとって大切なことに相手も心から興味を持っているとうれしくなる。

●**専門家は自分が犯したさまざまな失敗を堂々と語る**　専門家は失敗が学習プロセスの一部であることを理解し、受け入れている。だが専門家もどきは自らの失敗を認めたがらない。自分が生み出そうとしているイメージが損なわれるのではないかと不安だからだ。

●**専門家もどきは自分の知識の限界を知らない**　専門家は自分が何を知っているかだけでなく、何を知らないかもわかっている。自分の理解には限界があることをわかっていて、自らの能力の限界に近付いているときには他者にそれを言うことができる。専門家もどきにそれはできない。自分が理解の限界を超え、理解の及ばない領域に足を踏み入れていることがわからない。

専門家と専門家もどきを見分けるコツについて、最後に一つ追加しよう。私たちは新しいテーマを学ぶとき、たいてい大元となった研究論文を読んだり、何時間も専門家に話を聞いた

＊これは思想家のナヴァル・ラヴィカントの発言をもじったものだ。「具体的知識は教えることはできないが、学ぶことはできる」(@naval)。以下より。Twitter, January 17, 2019, 10:48 p.m., https://twitter.com/naval/status/1086108038539309061.

りはしない。多くの人に伝わりやすいように書かれた文章を読む。学術論文を読むのと、その論文に関する新聞記事を読むことの違いをイメージしてほしい。情報の伝達に携わる人々は素人よりはよくわかっているが専門家ではない。概念をクリアに、そして記憶に残るようなかたちで伝える能力が優れている。だから情報伝達者は専門家に間違えられることが多い。あなたが市場で専門家を探すときには、それを頭に入れておいてほしい。本物の専門知識を持っている人はたいてい、そのテーマを広めた人ではない。

第20章 さあ、実行

Do it!

選択肢を考えた。それぞれを評価して最善のものを選んだ。次は実行する番だ。

何をすべきかわかっていても、実行しなければ意味がない。結果を出したいなら行動しなければならない。

判断して実行するというのは思うほど簡単ではないし、はたで見るより難しい。**私たちが行動できない理由の一つは、行動の結果と向き合うのが怖いからだ。何をすべきかわからないというより、それを現実に実行する大変さと向き合いたくないのだ。**誰かと話し合いをすれば、相手の気分を害するかもしれない。仕事に適任ではないとわかっていても、好感を持っている相手を解雇したくない。

自尊心と社会性デフォルトや惰性デフォルトが結託し、実行しようという決意を弱め、やるべきことを先延ばしさせる。だが行動できない理由はそれだけではない。

行動するのが難しいもう一つの大きな理由は、自分は間違っているのかもしれないという不安だ。この場合は惰性デフォルトが作動して現状にとどまり、いつか不確実性を無くせるかもしれないという誤った願望からひたすら情報収集を続ける。

検討に終止符を打ち、行動を起こすべきタイミングを見きわめるのに役立つ原則は三つある。だがその前に、重大性と可逆性という二つの基準によって決断を分類する方法を見ていこう。

重大性と可逆性

重大な決断とは、誰と結婚するか、どこに住むか、どんな事業を立ち上げるかなど、人生において最も重要な事柄に影響するものだ。その決断があなたにとって重要な事柄に（短期的あるいは長期的に）与える影響が大きいほど、重要度は高まる。

可逆性のある決断とは、その後の行動によってやり直しのきくものだ。決断の影響をなかったことにするのが難しい、あるいは大きなコストがかかるほど、可逆性は低くなる。チョコレートバーを食べるのは簡単だが、食べてしまえば、その事実は動かせない。なかったことにはできない。子どもがつくるのも同じだ。子どもができれば、なかったことにはできない（したくもないだろう）。その対極にあるのが、なかったことにするのに何のコストもかからない決断だ。ある商品が14日間無料お試しキャンペーン中なら、何のコストもかけずにトライアルをなかったことにできるので、安心して登録できる。

重大性と可逆性の度合いに応じて、異なるタイプの決断をグラフ上で表してみよう（図を参照）。このうち特に注意すべきなのは二つのタイプだ。重大性がきわめて高く不可逆的なタイプと、重大性が低く可逆性の高いタイプだ。

重大性がきわめて高く、不可逆的な決定の波及効果は、あなたの人生全体に広がっていき、それを止める手立てはない。この手の決断を「ドミノの一枚目」という人もいる。

ドミノの一枚目のような決断の場合、失敗のコストは大きい。その対極にあるのが、重大性が低く、簡単になかったことにできる決断だ。失敗のコストは低い。結果が気に入らなければ、さっさと元に戻せばいい。このタイプの決断をめぐる最大の失敗は、時間と

決断の４分類

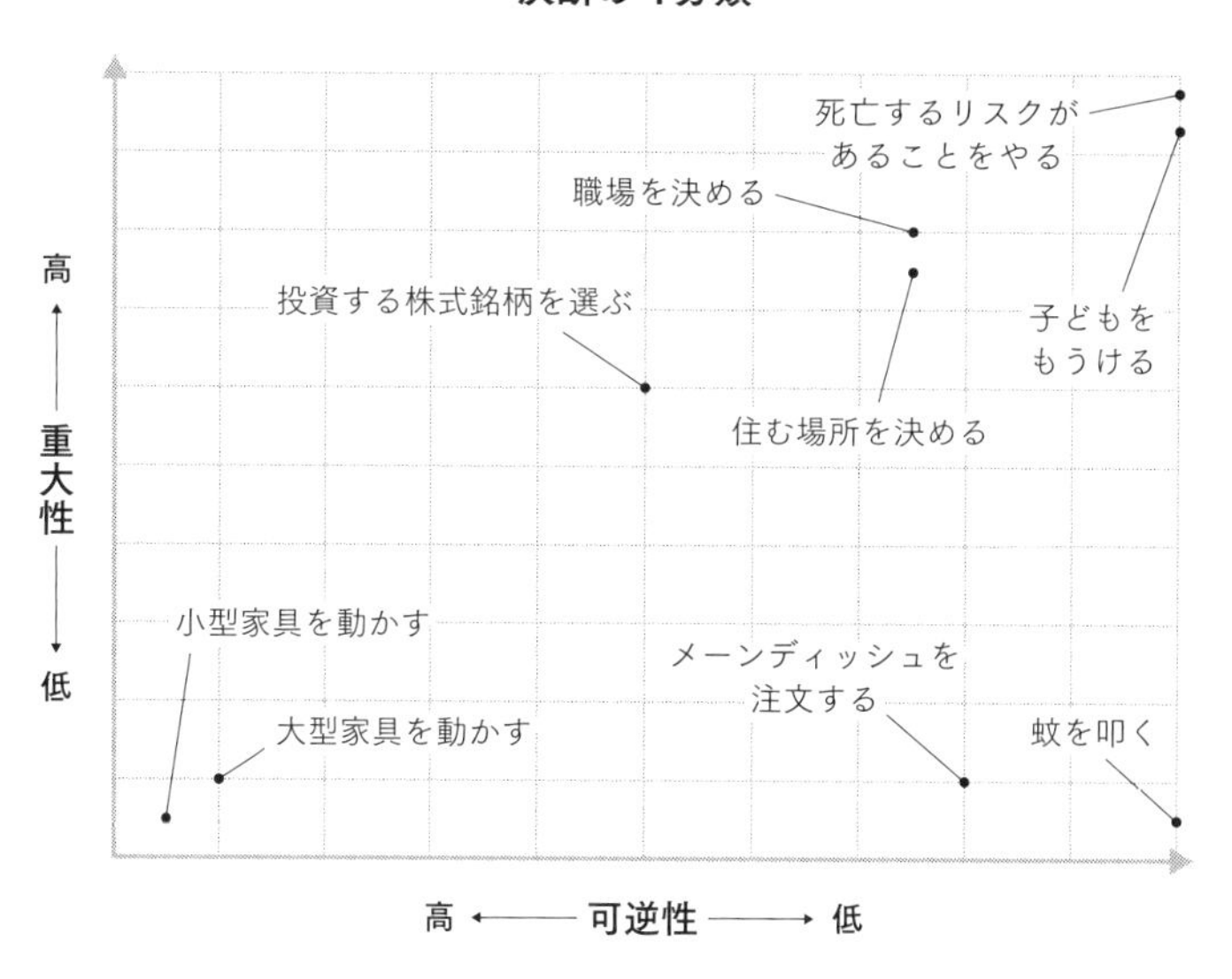

知的エネルギーを浪費することだ。元通りにできるなら、あるいはたいして重要ではないことなら、情報収集を続けるのはリソースの無駄遣いになる。

マットレスを買ったことのある人なら、よくわかるだろう。何時間も、ときには何日もマットレスを見比べ、レビューに目を通し、価格を比べ、寝るときは体が熱くなるタイプか、冷えるタイプか考える。ようやく購入する商品を決めて配達してもらうと、思っていたのと違うことがわかる。そこで次の候補だったマットレスと交換する。店の返品ルールの自由度が高いかどうかだけを確認して一時間以内に注文すれば、何時間あるいは何日も節約できたはずだ。失敗のコストが低いときには、さっさと行動に移そう。

行動の三原則

重大性と可逆性で決定を分類する方法がわかったところで、次は行動にかかわる原則を見ていこう。一つめがこれだ。

ＡＳＡＰの原則　決断をなかったことにするコストが低ければ、できるだけ早く（As Soon As Possible）決断を下す。

実際、あまりにどうでもよいことについては、わずかでも決断に時間をかけるのは無駄だ。

さっさと選んでしまえばいい。ぱっと決断し、やりながら学ぼう。それによって時間、エネルギー、リソースを節約し、本当に重要な意思決定にまわせる。

一方、きわめて重大性が高く、やり直せない決断の場合、失敗した場合のリスクは大きい。なかでも最大のリスクは、拙速に行動し、重要な点を見落とすことだ。決断を下す前にできるだけ多くの情報を集めたい。だから二つめの原則はこうだ。

ALAPの原則　決断をなかったことにするコストが高ければ、できるだけ遅く（As Late As Possible）決断を下す。

決断を下すときには、分析のコストを考慮しなければならない。これを怠る人は多い。ほとんどの決断にはスピードと正確性のバランスが求められる。ささいな決断でもたもたするのは、判断がどれほど正確であろうと時間とエネルギーの無駄遣いだ。反対にスピードが速すぎると、決定的な情報を見落とし、勝手な推測をし、基本的事柄を軽視して判断を急ぎ、結局誤った問題を解決することが多い。慌ただしいときこそ、たとえスピードが重視される場面であってもペースを落とすべきだ。ほんのわずかでもいいから。

それを示すような例をマイケル・ルイスが著書『後悔の経済学：世界を変えた苦い友情』で挙げている。自動車の正面衝突事故に遭った女性のエピソードだ。[1] この女性は救急車でサニーブルック病院に運ばれた。この病院はカナダでも最も交通量の多い高速道路のすぐ脇にあり、交通事故による救急患者や重傷者の治療に定評があった。だが女性の骨折箇所があまりに多かったため、医師は一部を見落とした。ドン・リーデルマイヤーはこの病院に勤める疫学者として、「専門家のメンタルエラーをチェックする」責任を負っていた。要するに同僚たちの思考に目を光らせるのがリーデルマイヤーの仕事だった。「不確実性のあるところには判断が付きものだ。そして判断があるところには人的ミスが起こる隙がある」とリーデルマイヤーは語っている。医者は専門家だが、人間である以上ミスを犯しうる。さらに悪いことに、患者が医者に与える情報は参考にならないことも多い。

一刻を争うような状況、そして生死にかかわる判断が求められる場面では、確認するよう訓練されてきた事柄だけを見て、それ以外の、それでいて有益な情報を見落とす。この女性患者には多数の骨折以外に、もう一つ問題があった。心拍がかなり不規則だったのだ。女性は意識を失う前に甲状腺機能亢進症の病歴があると口にしていた。それは不整脈の原因の一つとされていた。

リーデルマイヤーが緊急治療室にやってきたとき、女性の担当チームは甲状腺機能亢進症の薬を投与する準備を進めていた。リーデルマイヤーはチームにこう言った「ペースを落とせ。ほんのわずかな時間でいいから、ひと呼吸おこう。自分たちの考え方が正しいか確認しよう。わかりやすくて辻褄（つじつま）の合う、それでいて最終的には誤ったストーリーに無理やり事実を当てはめていないか確認するんだ」

リーデルマイヤーが担当チームにペースダウンを求めたのは、他の原因を検討せずに、辻褄の合いそうな結論に飛びついたからだ。「甲状腺機能亢進症は不整脈の原因の一つだが、発生率は低い」とのちに振り返っている。辻褄は合うがレアケース、つまり可能性はあるが高くはない。

スタッフが他の原因を調査しはじめたところ、すぐに肺の虚脱が起きていることがわかった。「肋骨骨折と同じように、肺虚脱もレントゲンには映らなかった。だが肋骨骨折とは違い、肺虚脱は命にかかわる」。担当チームが甲状腺ではなく肺虚脱の手当をしたところ、心拍は正常に戻った。翌日、女性の正式な検査結果が判明したが、甲状腺は正常だった。「すべての要因を一発で、完璧に説明できるような単純な診断結果がぱっと頭に浮かんだら、とにかく慎重にならなければいけない。そういうときこそ立ち止まり、自分の思考をチェックすべきだ」とリーデルマイヤーは説く。

リスクが高く、後から取り返しのつかないような場面では、判断はできるだけ遅らせて、情報収集を続ける間はなるべく多くの選択肢をテーブル上に残しておきたい。

自動車学校では高速道路を走行中は他の車が突然目の前に割り込んできたり、急停車したりする可能性を考え、車間距離を長く取らなければならないと教えられる。車間距離を余分に取っておくことで何か起きたときの行動の選択肢が増える。重要な判断を下すとき、できるかぎり時間をかけるのも同じ理由からだ。将来の自分にできるだけ多くの選択肢を残し、たとえ状況が変わってもうまく対処して最善ルートを走っていけるようにするためだ。

では最終的に行動するタイミングが来たときには、どうすればそうとわかるのか。

失敗のコストが低いときは、どれだけ早く決断を下すかが決断内容そのものと同じくらい重要だ。一方、失敗のコストが高いときには、行動を起こす前にできるだけ情報を集めるべきだ。

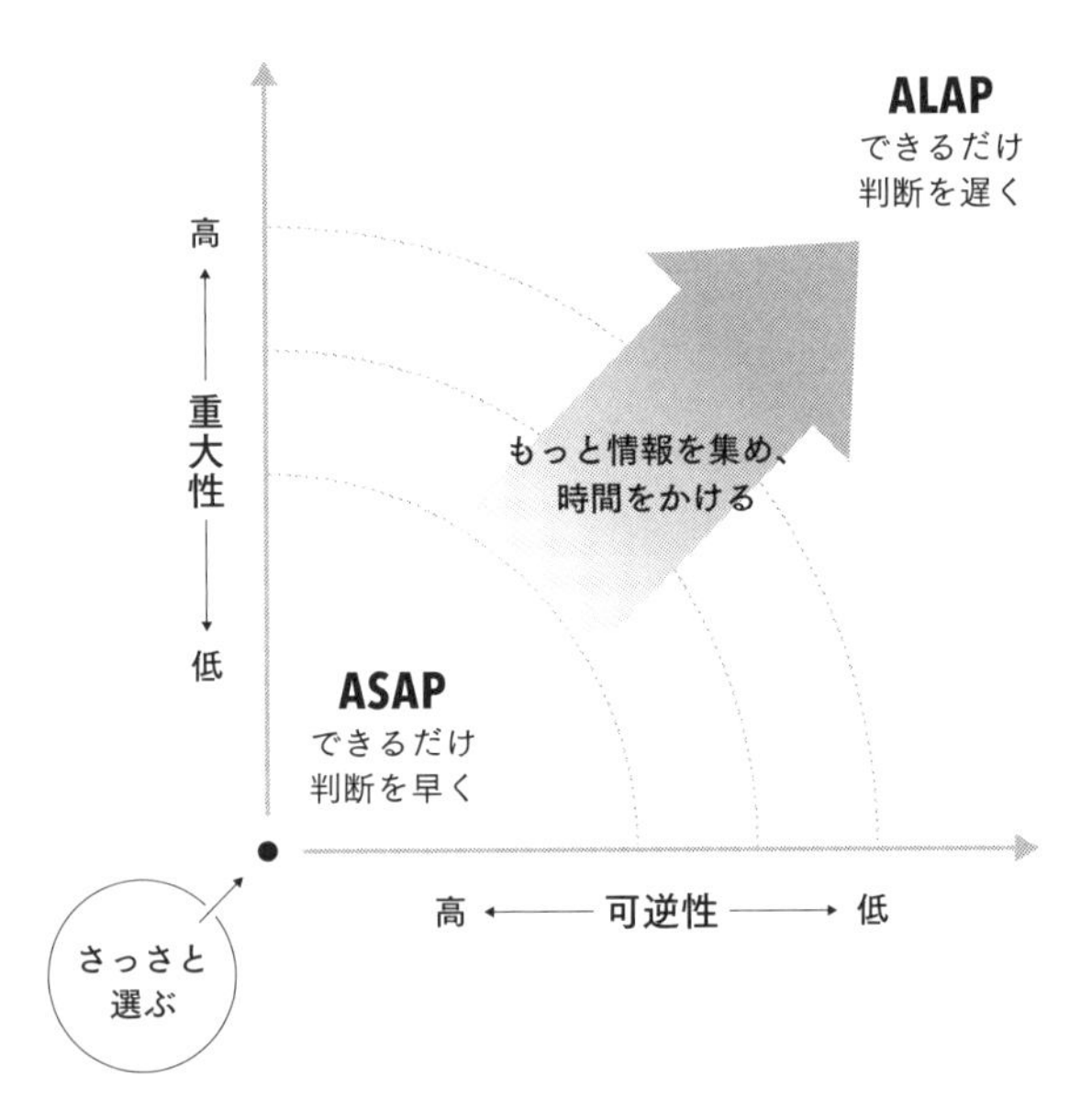

デフォルトに意識して抗わなければ、慎重さが行動しない言い訳にすり替わってしまうかもしれない。うまくいかなくなった仕事、恋愛、投資先に必要以上に踏みとどまった経験のある人なら、情報収集にも収穫逓減（ていげん）の法則が働くことを知っているだろう。あるタイミングを過ぎると、より多くの情報を集めるメリットより時間あるいはチャンスを失うコストのほうが上回ってしまう。

技術者と仕事をしている私の友人は、技術者はリスクを忌避する傾向がとても強いと言う。判断をできるだけ遅らせることばかり考え、迅速に行動すべきタイミングがわからない。「何事においても、情報を集めるほど盤石になると思っている。プロトタイプの製作や情報収集にすでに何カ月もかけていても、いつそれを止めてコミットすべきかわかっていない。しかも会議、調整、情報収集、どのように意思決定したかを説明する資料作成に明け暮れ、問題に対して興味を失いはじめる。基本的な意思決定スキルはアタマに入っているが、『これで十分』というタイミングがわからずに苦労している」と友人は言う。これは技術者に限った話ではない。

意思決定をする人は「分析まひ」に陥りやすくなっている。あまりに膨大なデータが手に入るようになったからだ。分析まひに陥ったことがある人には、分析をやめ、行動に移るタイミングを見きわめるための三つめの原則が役立つだろう。

> **限界・逸失・獲得の原則**　以下のいずれかが該当したら情報収集をやめ、決断を下し、実行する。①有益な情報が得られなくなった、②初めて機会を逸した、③選ぶべき選択肢が明白になるような情報を獲得した。

限界、逸失、獲得の条件を一つずつ見ていこう。

まず有益な情報が入ってこなくなったら、行動に移るべきタイミングだ。情報は必ずしも多いほうが良いわけではなく、もう十分集まったことを示すサインはある。『プリンストンレビュー』誌の共同創業者、アダム・ロビンソンをインタビューした際[2]に紹介されたのは、１９７４年に心理学者のポール・スロビックが発表した、行き過ぎた情報収集の弊害を示す画期的研究だ。

スロビックは競馬の予想屋を8人集め、40本のレースの勝者を予想してほしいと頼んだ。レースは10本ずつの4ラウンドに分けて行われる。第1ラウンド前には、予想屋はそれぞれの馬について希望するデータを五つもらえる。ジョッキーの身長と体重を知りたい予想屋もいれば、各馬のベストタイムを知りたい者もいた。さらに予想屋には予測にどれだけ自信があるかも述べてもらった。

五つの情報をもらって第1ラウンドの10本のレース結果を予想したところ、的中率は17%だった。出走した馬は10頭だったので、まったく情報がなければ的中率は10%だったはずなので、情報によって精度は70%改善したことになる。予想が的中する自信は19%だったので、実際の結果とさほど差はなかった。

ラウンドが進むたびに、予想屋の情報量は増えていった。第2ラウンドの前には10個、第3ラウンドの前には20個、そして最後の第4ラウンドの前には40個の情報が与えられた。

最終ラウンドの的中率も17%にとどまった。だが35項目の追加情報を得たことで、予想屋たちの自信は高まり、的中率は34%と予想していた。これだけ追加の情報をもらっても予想精度はまったく高まらなかったが、自信だけは高まったのだ。

自信は精度よりも速く高まっていく。「情報量が多すぎることの問題は、それによって合理的思考ができるわけではないことだ」とロビンソンは語った。それは確証バイアスを助長するだけだ。自分の見立てと合致しない追加情報は無視して、合致する追加情報からは自信を得ていく。

私自身とこれまでともに働いてきた人たちの経験をもとに、集められる有益な情報の限界に達したサインをいくつか挙げよう。

●検討している選択肢のメリットとデメリットを、さまざまな角度から説得力を持って説明できる。
●なんとか新たな情報を手に入れようと、問題から数段階離れた人、あるいは同じような問題を解決した経験がない人にアドバイスを求めている。
●もっと情報を入手したい気がするが、新たに学ぶことがなくなり、同じ情報（あるいは同じ主張）を繰り返し見直すループに陥っている。

ここに挙げたポイントのいずれかに到達したら、おそらく入手可能な有益な情報はすでに手に入れたのだろう。決断するタイミングだ。これが「限界」だ。

続いて「逸失」を見ていこう。きわめて重大で、やり直しのきかない決断を迫られているが、できるだけそれを遅らせようとしているときは、機会を逸しはじめたときが決断のタイミングとなる。たとえば家を売るときには、売却までにできるだけ時間をかけたいと思うかもしれない。売買サイトに登録し、売却価格を設定し、オファーを受けるところまでは行った。だが買い手が去って行ったり、法的な契約期限が近づいてきたら、選択肢が狭まってきているサインであり、行動しなければならない。

同じように、パートナーが正式に交際を始める、同棲を始める、あるいは婚約するなど、二人の関係を次のステージに引き上げたいと望んでいるとしよう。二人の未来を決定づける重要な場面であり、あなたが確信を持てないなら時間をかけて決めるべきだ。だがいずれパートナーはうんざりして、別れを決断するだろう。その直前、もうすぐあなたは選択権を失うとはっきり告げられたら心を決めなければならない。

ALAPの原則の大前提が、選択の可能性を維持することだと頭に入れておこう。選択肢が減りはじめたら、その時点で手元にある情報をもとに行動しなければならない。これが逸失だ。決断を先延ばしする期限は最初の機会逸失までだ。

そして最後に、自分のやるべきことが明らかになるような情報を獲得したら、それも行動を起こすべきタイミングだ。ときには容易に決断を下せるような決定的情報が手に入ることもある。それは最初の機会逸失のこともあれば、あるいはパートナーとの交際のようなもっと曖昧な領域においては、ずっと頭を離れない揺るぎない直感のこともある。いずれにせよ自分の深いところで何をすべきかはっきりわかる瞬間というのは常にある。

だが何をすべきかわかるだけでは不十分だ。行動を起こさなければいけない。

さあ、やろう！

第21章

マージン・オブ・セーフティ（安全余裕度）

Margin of Safety

最終的な解決策がわかっていなくても、前へ進める。どれが最善の道かわからなければ、望まない結果につながる道を確実に潰しておくことが次善の策であることも多い。最悪の結果を避ければ選択肢は残り、前へ進んでいくことはできる。

ときには自分のコントロールの及ばない理由で失敗することもある。ただ、重大で難しい決断の多くは、防げたはずの原因によって失敗する。起こりうる失敗を想定し、事前に備えを固めておかないと、物事が想定どおりにいかないときに不意打ちを食らったようになる。その結果、ただやみくもに反応することになる。失敗の渦中に出たとこ勝負で反応するより、冷静で柔軟な思考を保てるうちに失敗に備えておくほうがはるかに簡単だ。

失敗のコストが高くつく場合は、マージン・オブ・セーフティ（安全余裕度）をたっぷり確保するために投資したほうがいい。

投資家であれば、ロングターム・キャピタル・マネジメント（ＬＴＣＭ）の顛末を聞いたことがあるだろう。１９９４年に設立されたヘッジファンドで、取締役会には二人のノーベル賞経済学者が名を連ねていた。ＬＴＣＭのポートフォリオはハイリスクで、驚異的な投資リターンをもたらし、高い評価を受けていた。初年度は21％超、２年目は43％、３年目は41％だった。

こんな状況であなたが投資家だったらどうするだろうか。ＬＴＣＭは急成長を遂げ、友人たちはどれほど儲かったか吹聴して、あなたも早くぼろ儲けの仲間に加わったほうがいいと説得してくる。ＬＴＣＭで働く人々がいかに優秀で、ＩＱがめちゃめちゃ高く、ノーベル賞受賞者も二人いて、誰もがそれぞれの分野で豊富な経験を持ち、身銭を切って投資している、と。

友人たちの投資は2倍、４倍と増えていく。話を聞いているうちに、あなたも全財産をＬＴＣＭに投資すべきではないかと思えてくる。あなた自身の運用成績も年率８～12％と悪くはないが、年率40％とは比較にならない。自分が安全第一で投資しているうちに、他の人はみんな金持ちになってしまうのではないか。

ここで二つのシナリオを考えてみよう。最初のシナリオでは、あなたは友人たちの先例にならい、全財産をＬＴＣＭに突っ込むことにする。その数カ月後、アジアとロシアで金融危機が起こる。ＬＴＣＭのポートフォリオにレバレッジが効いていたこともあり、それから4カ月も経たずにファンドは46億ドルの損失を出した。次のチャートは、１９９４年初頭にＬＴＣＭに１０００ドル投資していたらどうなっていたかを示している。このシナリオではあなたは（友人たちも）財政的には身の破滅である。

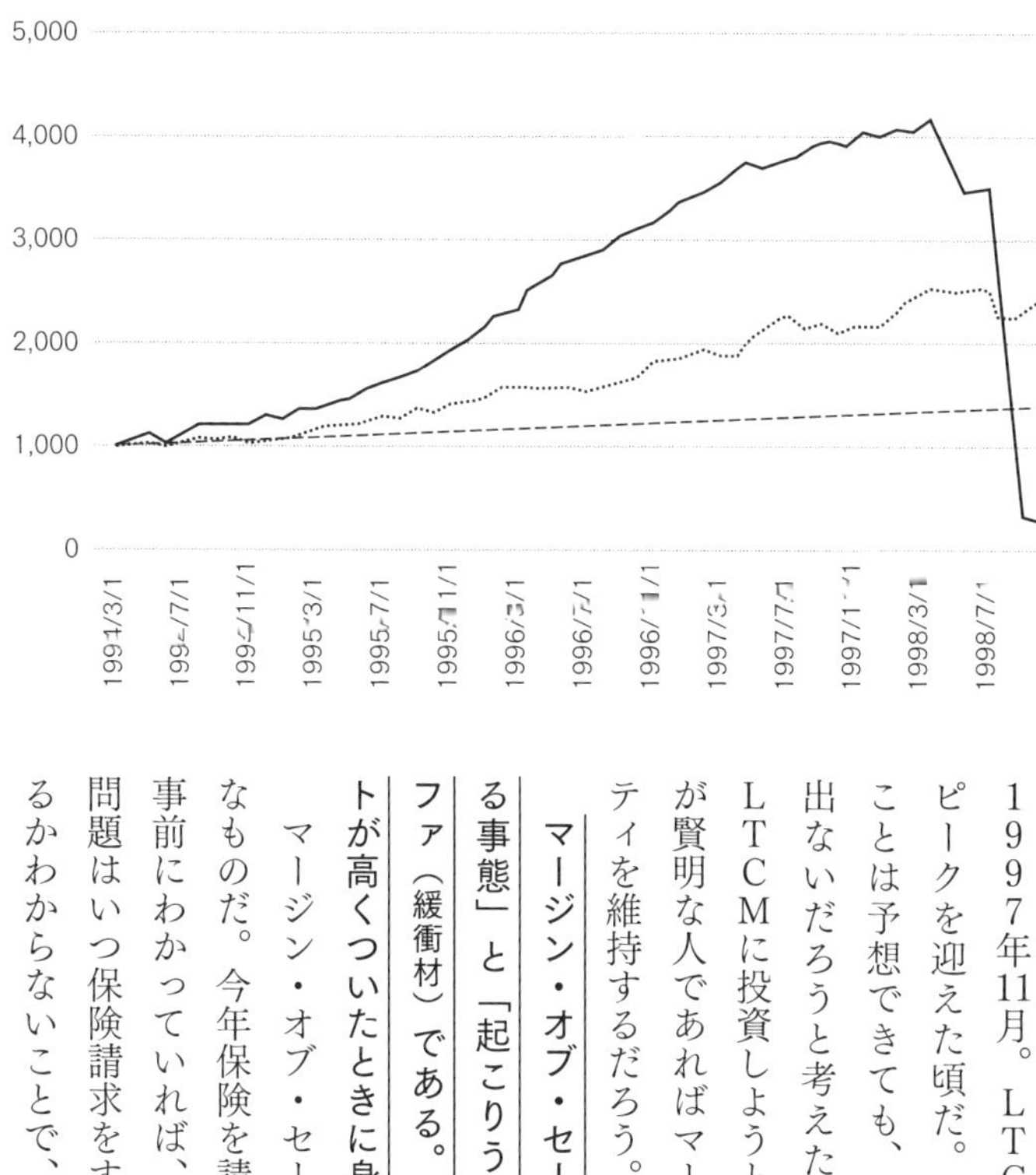

次に、別のシナリオを見ていこう。ときは1997年11月。LTCMの投資リターンがピークを迎えた頃だ。未来は過去とは違うことは予想できても、天文学的損失までは出ないだろうと考えたあなたは、少しだけLTCMに投資しようと決める。だがあなたが賢明な人であればマージン・オブ・セーフティを維持するだろう。

マージン・オブ・セーフティとは「期待する事態」と「起こりうる事態」の間のバッファ（緩衝材）である。想定外の事態のコストが高くついたときに身を守るためにある。

マージン・オブ・セーフティは保険のようなものだ。今年保険を請求する必要がないと事前にわかっていれば、保険料は無駄になる。問題はいつ保険請求をするような事態が起きるかわからないことで、だから毎年保険を掛けることになる。何事も起こらない年にはお金の無駄に思えるが、実際に何か起きればその価値を思い知ることになる。
マージン・オブ・セーフティを確保する目的は、将来の自分のために可能なかぎりのバッファと保障を用意しておくことだ。それは将来起こりうる結果にできるだけ幅広に備えるための、とりわけ最悪の結果から身を守るための方法だ。たとえば二つめのシナリオでは、LTCMへの投資をポートフォリオの10%にとどめることで、1998年に起こりうるさまざまな想定外の事態に備えられる。その結果、同年の金融危機で被る損失は最大でもポートフォリオの10%にとどまる。ハッピーエンドではないが、少なくとも財政的な身の破滅にはならない。

一つめのシナリオには、さまざまなデフォルト反応が絡んでいる。群衆に従ったほうが良い目を見られると訴える社会性デフォルト反応に加えて、エゴデフォルト反応もマージン・オブ・セーフティなんて要らない、と囁きかけてくる。「自分には先が読めているから」と。未来は過去と同じようになる、LTCMの4年目の運用成績も過去3年と同じようになる、と自信満々に予測を立てる。だが必ずしも今日と同じ明日が待っているわけではない。4年目にはそれまで3年間LTCMに成功をもたらしてきた戦略が機能しなくなった。

二つめのシナリオでは、あなたの決断は予測にもとづいてはいない。期待どおりの未来が実現しなかった場合に備えている。二つめのシナリオであなたを破滅から救ったのは「予測マインドセット」の対極にある「準備マインドセット」だ。

私がよく引用するウォーレン・バフェットの言葉がある。「分散投資は無知への防御だ。自分が何をしているのかよくわかっている人には意味がない」[1]。現実には全財産を投資するだけの自信を持って、自分が何をしているかわかっているケースはまれだ。わかっていないときにはマージン・オブ・セーフティによって最悪の結果から身を守れる。また自分が何をしているかわかっていて、その時点ではベストな選択肢を選べても、状況が変わることもある。

考えうる最悪の結果が実現しなかった場合、マージン・オブ・セーフティは無駄に思えるだろう。そんなものはないほうが良い結果が得られると確信を持った瞬間こそ、マージン・オブ・セーフティは必要だ。

すべてに備えることはできない。ときには想像を超える最悪の事態が起こることもあり、どれだけ備えをしたところでうまい対処法などない。だが歴史を振り返れば、いつ起こるかはまったくわからなくても、いつか必ず起こるのはわかっていて、しかも備えられたはずの不幸な出来事がいくつも見つかる。個人レベルでそうした例として挙げられるのは

- 家族を失う悲しみ
- 健康上の問題
- パートナーとの関係の変化
- 家計の逼迫（ひっぱく）
- キャリア目標を達成するうえでの試練

マクロレベルでは、以下のようなケースだ。

- 戦争や政治的紛争
- 自然災害
- 環境や生態学的変化
- 経済変動（崩壊や成長）
- 技術進歩とそれに対する抵抗

マージン・オブ・セーフティはどうすれば確保できるのか。

まずありふれた例から始めよう。技術者は何かを設計する際に必ずマージン・オブ・セーフティを設定する。たとえば橋を設計するとき、平均的な日の支えるべき重量は5000トンという計算結果が出たとする。その場合、耐荷重5001トンの橋ではマージン・オブ・セーフティはゼロだ。普段より交通量の多い日はどうなるのか。計算や見積もりにわずかな誤りがあったら？　橋の材料が想定以上の速度で劣化したら？　こうしたさまざまな偶発事象に備えるためには、1万トン、あるいは2万トンの荷重に耐えるような橋を設計しなければならない。将来、何が起こるかわからないからだ。渋滞によって同じ瞬間に複数のトラックが橋の上で止まるかもしれない。将来の自動車の重量が今よりずっと重くなるかもしれない。未来についてわからないことはたくさんある。だから将来起こりうるできるだけ幅広い可能性に対して、利用者を守れるような橋を設計しなければならない。

未来に備えるときには、歴史上の最悪の出来事は常に当時の人々にとっては想定外であったことを頭に入れておこう。過去の最悪のケースをベースラインとしてはならない。橋を設計する技術者は、現在架かっている橋のこれまでの利用実績だけに頼らない。同じように私たちも想像を思い切りたくましくして、どんな想定外の事態が起こりうるか探求し、予想しなければならない。

マージン・オブ・セーフティを設定するとき、それが十分か判断するための簡単な経験則を挙げておこう。

ヒント 最悪のシナリオの2倍量を吸収できれば、マージン・オブ・セーフティとしてたいてい十分だ。つまり危機を引き起こすレベルの問題の2倍量、あるいは危機後の再建に必要なリソースの2倍量を確保することがマージン・オブ・セーフティのベースラインとなる。

たとえば失業しても家計が揺らがないようにしたいとする。その場合は再就職までにかかる期間を見積もり、その2倍の期間の生活を支えられるだけの貯蓄をしよう。

これがベースラインだ。ただマージン・オブ・セーフティは個別の、またその場の状況に合わせて修正する必要がある。失敗のコストと結果の重大性が高い場合は、マージン・オブ・セーフティはたっぷり確保しておきたい。たとえば失業の不安があるなら、そして景気変動の激しい国や産業に身を置いているなら、より長い期間持ちこたえられるだけの貯えが欲しい。失敗のコストが低く、結果がさほど重大でなければ、マージン・オブ・セーフティは減らすか、なしでもよい。長い期間にわたって高いパフォーマンスを示しているものほど成功パターンが持続する可能性は高い。近い将来コカ・コーラが消滅する可能性は低いし、ジョンソン・エンド・ジョンソンについても同じことがいえる。

ただ確立されたパターンでも盤石ではない。ナシーム・タレブが著書『ブラックスワン』に書いているように「毎日エサをもらっている七面鳥を考えてみよう。エサをもらうたびに、人間という種の親切な誰かが毎日エサをくれるのが当然だという認識は強まっていく。政治家風に言えば、人間は『最善を尽くしてくれる』と信じる。だが感謝祭前日の水曜日に、七面鳥の身に予想外の事態が起こる。その結果、七面鳥は認識を改めざるを得なくなる」。ときには揺るぎない期待さえも裏切るようなことが起こる。

それでも豊富な専門知識とデータがあれば、マージン・オブ・セーフティをさらに抑えることはできる。一例を挙げよう。ウォーレン・バフェットは本来の価値より30～50％割安な株を狙う。そうすればその銘柄に対して30～50％のマージン・オブ・セーフティが確保できる。ただ、よくよく理解している銘柄については本来の価値に近い水準で投資する。つまり最も自信のある投資先については、マージン・オブ・セーフティは20％程度かもしれない。

ウォーレン・バフェットが投資先を選定するうえで核となる信条の一つが「理解できないものは買わない」だ。別の言葉で言えば、マージン・オブ・セーフティを計算するのに十分な情報がない場合は一切投資しない。さらにバフェットはマージン・オブ・セーフティさえあれば損をしないわけではないことをわかっている。目指すのはすべての投資で成功することではない。全体で見たときに、あらゆる投資先に対して最善の戦略をとることだ。

結論を言おう。未来を予測するのは思うより難しい。問題が起こるまではすべて順調に思える。すべてが順調なら、マージン・オブ・セーフティは無駄に思える。だがうまくいかなくなったときにはマージン・オブ・セーフティなしでは持ちこたえられない。**不要ではないかと思いはじめたときこそ、マージン・オブ・セーフティが必要だ。**

砲弾の前に銃弾を撃つ

まだ情報を集めている段階なら、一つの選択肢にのめり込むのは禁物だ。唯一の選択肢にすべてをコミットする前に、できるだけ多くの選択肢のためにリスクの低い小さなステップを積み重ね、未来に向けて多くの選択肢を残しておこう。

さまざまな選択肢について情報を集めている段階では、特定の選択肢に時間、資金、エネルギーをかけすぎず、すべての選択肢についてできるだけ多くの情報を集めるのが最善策だ。『ビジョナリー・カンパニー4 自分の意志で偉大になる』のなかで、モーテン・ハンセンとジム・コリンズはこのアプローチを「銃撃に続いて大砲発射」と名づけている。[2]

敵の戦艦がこちらへ向かってくるとしよう。手持ちの火薬は限られている。火薬を全部使って巨大な大砲を撃ったところ、砲弾は飛んで行き、海に落ちた。標的から40度ほどずれていた。振り向くと、貯蔵箱はすでに空っぽ。これでは困ったことになる。

一方、敵艦を目にしたときに火薬を少しだけ使い、銃弾を撃ったらどうか。1発目は角度が40度ほどずれていた。もう一度火薬を詰め、撃った。今度は30度ずれた。3発目で誤差は10度に縮まった。次の弾は敵艦に命中した。あとは残りの火薬をすべて使い、調整済みの精度で巨大な大砲を発射するだけだ。敵艦を撃沈できる。[3]

私が実際に目の当たりにした「銃撃に続いて大砲発射」の例を紹介しよう。私のクライアント（ここではソロモンと呼ぼう）は製造業のオーナー経営者だったが、他の道に挑戦するため、後任のCEOを探していた。候補者二人を試してみたが、いずれも書類上は完璧だったものの、実際にはうまくいかなかった。

私はソロモンに、候補を一人だけに絞るのではなく、同時に複数の候補者に2週間にわたって小規模なテストプロジェクトを担当してもらったらどうかと提案した。複数の小規模なテストを同時並行で実施することで、ソロモンは選択肢を残すことができる。しかも候補者の現実の仕事ぶりを見るほうが面接や経歴書で判断するよりずっと参考になる。

こうして二人の候補者は高い報酬をもらいつつ、他のメンバーと協力しながら問題を理解し、情報を収集し、解決策を立案しなければならないようなプロジェクトに取り組むことになった。

私の提案はうまくいき、意外な結果が出た。経歴的には劣る候補者のほうがチームワークに優れ、すばらしい提案を出したのだ。おかげでソロモンの会社は候補者にプロジェクトの対価として支払った報酬を上回る経費を削減できた。何より重要なポイントは、候補者が二人ともうまくいかなかった場合でも、会社は高額な退職金を支払う必要がなかったことだ。

複数の選択肢について小規模でローリスクな実験をする、要するにリソースをかきあつめて砲弾を発射する前に複数の銃弾を撃って精度を調整することで、自らに選択の余地を残すことができる。メディカルスクール（医学大学院）に進学して医者を目指そうと思うなら、まずは医者か研修医に一日張りついて仕事ぶりを観察してみよう。医学大学院進学適性テスト（MCAT）を受験して何点とれるか確認したり、大学に応募してどこなら合格できるか調べてみよう。キャリアチェンジを検討しているなら、まず週何日か終業後にできるフリーランスの仕事を引き受けてみよう。新製品を発売するなら、開発に着手する前にお金を払おうとする顧客がいるか確認しよう。

選択の余地を残すことにもコストはかかる。自分が貴重なチャンスを見送っているような気分になるかもしれない。周囲が行動するのを見ているだけというのも（たとえその行動が不合理に思えても）つらいものだ。だが騙されてはいけない。このモヤモヤは社会性デフォルト反応から生じている。みんなと同じことをして失敗するのは問題ない、という悪魔のささやきだ。

さっさと長いものに巻かれる人もいるが、自分だけは正しくあろうとする人もいる。選択の余地を残すと、短期的にはマヌケに見えることもある。ときには周囲からバカ者扱いされることに耐えなければならなくなる。だが圧倒的な成功者の多くは、さまざまな場面でたとえ短期的にマヌケに見えても選択の余地を残し、正しい行動のタイミングが来るのを待っていたことがわかる。

ウォーレン・バフェットは90年代末のドットコムバブルのあいだほとんど何もせず、熱狂的な上昇相場を逃したように見えた。焼きが回ったんだと陰口を叩く者もいた。一部の投機家から見ればマヌケに見えたかもしれない。だがそれも数年後にバブルが弾けるまでの話で、そのときバフェットは莫大な軍資金を抱えていた。

決断を公表する前に心の中で実行してみる

メールを書き上げ、「送信」ボタンを押した瞬間に「しまった！」と後悔したことはないだろうか。私はある。これほど最悪な気分はなかなかない。それでも重大な決断を発表した直後にそれが失敗だったと気づくよりはマシだろう。

決断した瞬間に発表したがるリーダーは多い。自然なことでもある。世間に自分の決断力を示したい、自分のすばらしい新たな挑戦に尊敬のまなざしを送ってほしい。だが決断直後に発表するのは、送信を取り消せないメールを送るようなものだ。それによって事態は動きはじめ、方向転換ははるかに難しくなる。だから私はこんなマイルールをつくった。「重大な決断を下したら、誰かに伝える前に一晩寝かせる」*

ただ、一晩寝かせるだけでは十分ではないことがわかった。そこでもう一つの要素を追加した。寝る前に、なぜその決断を下したのか、自分に宛てたメモを書くのだ。それによって見えないものが可視化される。翌朝起きたら、そのメモを読む。残念ながら前の晩には最善だと思った考えが、翌朝のまばゆい光に照らされると、さほど良く思えないことは意外と多いと言わざるを得ない。自分が思っていたほど問題をよく理解していなかったと気づくこともある。あるいは、もはや正しいと思えなくなっていることもある。こういう気分がしたときには、よく吟味することが大切だと経験から学んだ。

公表する前に決断を寝かせることで、それを別の視点から吟味し、自分の想定が正しいか確認できる。ひとたび決断を下すと（たとえ他の人に伝えなくても）、その新たな面が見えてくる。[†] 脳はすでに決断を実行に移したかのように、その結果を処理するようになる。それによって見逃していた微妙なニュアンスに気づき、最終的に決断を実行する方法を変えるかもしれない。

あなたがある人物を昇格させようとしているが、実は会議を仕切ったり、チームをまとめたりする能力に不安があるとしよう。心の中で決断を実行するというのは、その人物に実際に会議

＊「一晩寝かせる」という表現を教えてくれたのは、本書に登場する数々の知恵を授けてくれたランドール・スタットマンだ。

† これもランドール・スタットマンに教えられたことだが、すでに決断を下したつもりで動いてみると、新しい情報がすべて決断後の視点で見えるようになる。

を仕切らせ、どうなるかを見きわめ、必要ならば決断を再考することを意味する。

あるいは一日だけ（あるいは二日間）、心の中で決断を実行することで、自分がどう感じるか確認できるかもしれない。決断は心の底から正しいと感じられるだろうか。頭と心と直感がすべて一致しているだろうか。ほとんどの場合は問題ないと思えるが、ごくまれにそうではないこともある。正しいと思えないのは何かがおかしいのであり、発表する前にその原因を深掘りする必要がある。実行に移す前に、自分の心の中だけにとどめることによって、決断を覆す余地が生まれる。

フェイルセーフの原則

フェイルセーフ（失敗しても安全を確保する仕組み）を付けておけば、決定は確実に計画どおりに実行されるだろう。

あなたがエベレストの頂上からあと50メートルの位置に立っていると想像してほしい。体全体が悲鳴をあげている。頭はぼうっとして、もう何も考えられない。どれだけ頑張って呼吸しようとしても、どうにも酸素が足りない。もう何年もトレーニングを重ね、ガイドや遠征費に6万ドルも使った。その過程で家族や友人との時間も犠牲にした。今日がアタックの日であることはみんなに伝えた。これまで全精力を傾けてきた成果が、手の届くところにある。ゴールはもう見えている。もう届いたも同然。だがスケジュールから30分遅れており、酸素の残量もわずかになっている。ここでゴールに背を向けるのか、それとも無理やり前へ進むか。

一流のシェルパはエベレスト登頂で最も危険なのは頂上に到着するところではなく、下山であることを知っている。登山者は頂上に到達することに全精力を注ぎ、体力や酸素がなくなりかけていても無理やり頂上を目指そうとする。頂上に到達することにリソースを注ぎ、下山する苦労を考慮しない。「サミット・フィーバー（登頂熱）」に浮かされ、一番大切なのは頂上に到達することではなく生還することであるのを忘れてしまう。それでは勝負に勝っても生き残れない。

部外者、つまりエベレストに登るつもりもない人にとって、サミット・フィーバーなどという概念はバカバカしくさえ思える。頂上に立つことに命を懸ける意味なんてないだろう、と。だが山頂近くにいる者にとって、目に見えるほど近くにある目標に背を向けるのははるかに難しい。それに加えて登山は膨大なエネルギーを消耗し、心身に多大な負荷がかかる。デフォルト反応はこうした状況を逆手にとり、登山者が入念に立てた計画を反故にし、生還という真の目標の達成を妨げようとする。

エベレスト登頂は、決断を計画どおりに実行するために、フェイルセーフを準備することの重要性を示すわかりやすい例だ。酸素がなくなりそうなのは退散すべき合図だろうか。他の装備が残りわずかになっても、頂上を目指すルートをそのまま歩き続けるべきだろうか。実行のためのフェイルセーフとは、自分が最善の状態にあるときの思考能力を使って、最悪の状態のときにデフォルト反応の魔手に陥らないようにすることだ。

実行のためのフェイルセーフという概念は、ギリシャ神話のユリシーズの物語によく表れている。ユリシーズは船長だ。船は美しい歌声によって船乗りを死に至らしめる、タイタンの妖女たちの住む島のすぐ近くを航行していた。妖女たちの歌声があまりに美しいので、船乗りたちはその姿を一目見たいという思いに焦がれ、船を岩場に激突させてしまう。

ユリシーズは乗組員の命を危険にさらすことなく、なんとか妖女たちの歌声を聞けないものかと考えた。ユリシーズが最善の決断をしたと言うつもりはない。ここまで挙げた原則やセーフガードをじっくり吟味したら、島には絶対に近づかなかっただろう。だが私がこの物語を好きなのには別の理由がある。ユリシーズは自分の決断が着実に実行されるように、フェイルセーフを仕込んでおいたのだ。

ユリシーズは乗組員の耳に蜜ろうを塗り、島に近づいても歌が聞こえないようにした。そして彼らが船の航路を変えないように、自らをマストに縛りつけるよう命じた。ユリシーズ自身が妖女の歌に幻惑されて何を言っても何をしても、乗組員の行動に影響を与えたり、すでに決まった航路を変えたりしないようにするためだ。さらに部下たちには自分が抵抗し、航路を変えろと騒いだら、なおさらきつくマストに縛りつけるよう指示した。

この賢明なフェイルセーフによって、ユリシーズは妖女の歌を聞きながら、乗組員の安全を守ることができた。当然ながらフェイルセーフが不可欠な場面は他にもたくさんある。

フェイルセーフの3タイプ

決定を確実に実行するためのフェイルセーフとして、頭に入れておくべきものは3種類ある。①トリップワイヤ、②他者への決定権限付与、③自分の手を縛る、だ。

> **フェイルセーフ①** トリップワイヤとして特定の時間、数量、状況に到達したらどうするかを事前に決める。時間、数量、状況は定量的に判断できなければならない。

トリップワイヤ（仕掛け線）とは事前の取り決めのことだ。一定の条件が整ったらどう対応するか、事前に約束しておくのだ。たとえばエベレスト登頂チームは、特定の時間までに特定の場所に到達していなかったら登頂へのアタックを断念することを取り決め、トリップワイヤとするかもしれない。もしトリップワイヤに到達できなかったら下山を開始する。議論の余地はない。疲労困憊（こんぱい）し、酸素不足に陥っている状況で決定を下さないためだ。すでに決定は下っており、それに従って下山しなければならない。

成功や失敗への道筋には道しるべがある。何に注意を払えばよいか、わかっている人にはちゃんと見える。道筋には必ず答えが潜んでいる。トリップワイヤは悪い兆候のこともあれば、良い兆候がない**こと**の場合もある。良い兆候があれば、そのまま計画を続行すればいい。だが状況がそれほど明白ではない場合には、トリップワイヤを設定しておくことが役に立つ。

悪い兆候とは、何か重大な異変が起きていることを示す危険信号だ。誤った方向に進んでいることを早く察知するほど引き返すのは簡単になる。私は先日、高速道路を西に向かうはずが東に向かって走り出してしまった。標識から誤った町に近づいていることを知り、初めて自分のミスに気づいた。ただ注意を払うべきなのは悪い兆候だけではない。良い兆候が見られないこと自体が兆候のこともある。

期待していた良い兆候が見られないからといって、必ずしも事がうまくいっていないとは限らない。ただ注意を払うべきタイミングであるのは確かだ。多くのプロジェクトが頓挫したり、意思決定が難しくなったりするのはまさにこのタイミング、すなわち想定されていた悪い兆候も良い兆候も見えないときだ。それは再評価のタイミングだ。「一番重要なことは依然として一番重要なことだろうか。私が間違っていたのだろうか。時間は経過したのに前進が見られない今、目標を達成するには何が必要なのか」と自問してみよう。

行動を起こす前に明確なトリップワイヤを設定しておくことで、成功の確率は高くなる。チーム全体が成功と失敗の道しるべをはっきり理解していれば、コースを外れたら即座に対応できる。

フェイルセーフ② 「指揮官の意図」を実践し、部下に上司がいなくても行動や意思決定をする権限を与える。

偉大なリーダーは物事が必ずしも計画どおりに運ばないことを知っている。また自分がいつでもどこにでもいられるわけではないこともわかっている。チームのメンバーは状況が変化したときに、どう対応すべきか理解しておく必要がある。実際、状況は頻繁に変わるものだ。

チームがミッションを遂行する体制を整えつつ、状況変化に対応する柔軟性も与えることを軍事用語で「指揮官の意図」と言う。最初にこの言葉を使ったのは、ナポレオンと戦っていたドイツ軍だ。

何かにつけて上司の許可がなければ動けない職場で働いたことのある人なら、指揮官の意図が欠如しているとどうなるかわかるだろう。上司が単一障害点となり、上司に何かがあれば事業やミッションは破綻する。

指揮官の意図とは、計画を実行する過程で一人ひとりのメンバーに主体性を発揮し、臨機応変に対応する能力を与えることだ。上司がボトルネックにならず、上司が不在でもメンバー同士が目標達成に責任を負う。

指揮官の意図には四つの構成要素がある。①作成、②伝達、③解釈、④実施だ。最初の二つ（作成と伝達）は上級指揮官の責任だ。上級指揮官は戦略、根拠、そして実行上の限界を伝達しなければならない。部下に何をすべきかを伝えるだけでなく、なぜそれをするのか、どのようにその決断に至ったかも伝えることで、部下が判断の文脈と、有効な行動の限界（絶対にやってはいけないこと）も理解できるようにする。それをもとに、下位の指揮官が残る二つの要素を担う。変化する文脈に合わせて戦略を解釈し、実施するのだ。

前進するなかで無用な混乱が起きないように、決定を実行に移す前に次の点を自問しよう。

- 私が目指す目標と成果を共有すべき相手は誰か。
- 彼らは最も重要な目標を理解しているか。
- 彼らはどのような良い兆候、悪い兆候に注意を払うべきか、それぞれの兆候にどのようなトリップワイヤが設定されているかを理解しているか。

上司が一週間不在にするとチームが機能不全に陥るのは、部下に適切な権限付与ができていない一つの兆候だ。それを自分がなくてはならない存在である証のようにとらえるリーダーもいる。自分がいないとチームが機能しないのは、自分がどれだけ重要かを示しているのだ、と。騙されてはいけない。これはエゴデフォルト反応のワナだ。有能なリーダーのチームは、リーダーが四六時中その場にいなくても決定を下し、目標を達成することができる。あなたが不在にできないのは、余人をもって代えがたい超有能なリーダーだからではなく、コミュニケーターとして無能だからだ。

リーダーがエゴデフォルト反応にとらわれているもう一つの兆候は、個々の仕事のやり方に口を出すことだ。優秀なリーダーは何をすべきか決めたら、それを達成するためのパラメータを設定する。あとは部下のやり方が自分の考えていたものと違っても頓着しない。自分が設定したパラメータの範囲内で目標に近づいていれば満足する。

無能なリーダーはすべて自分の思い描いたとおりの方法でやれ、と主張する。それはチームのやる気を削ぎ、忠誠心や創造力を損なう。「指揮官の意図」の真逆だ。

フェイルセーフ③　計画どおりに実行されるように、自分の手を縛っておく。

ユリシーズは自らの決定のセーフガードとして、トリップワイヤと指揮官の意図を使った。さらに決定を確実に実行させるための最後のセーフガードとして、乗組員に命じて自分の手を縛らせた。この手のセーフガードが「ユリシーズ協定」と呼ばれるのはこのためだ。

手を縛るという言葉の意味は、文脈によって変化する。ダイエット中なら家中のジャンクフードを処分して誘惑を感じないようにすること。投資したいなら毎月自動的に給料の一部を貯蓄にまわすように設定すること。エベレストに登頂するなら、一定の時刻までに行程の半分に到達していなければ引き返すという合意を全員から取っておくことかもしれない。

どんな決断に直面しているときでも、「自分で最善だと判断した道から絶対にはずれないようにする方法はないか？」と自問してみよう。選択肢を比較検討し、どのような道をたどるかコミットすることで、他の問題に対処する余裕が生まれる。

ここまで読んだみなさんは、たとえ決断をできるだけ先延ばししているときでも、いざ決断すべきタイミングが来たら自分が何に注意を払い、何をすべきかわかっている。トリップワイヤを設定し、部下に行動する権限を与え、たとえストレスがかかってもそれまで積み上げてきたものをぶち壊しにしないように自らの手も縛った。

第22章 決断から学ぼう

Learn from Your Decisions

知識労働者は意思決定をする。[1] それが知識労働者の仕事だからだ。どこまで、どれだけのスピードでキャリアアップできるかは、結局のところ意思決定の質で決まる。常に最高の意思決定ができるようになれば、ふつうの判断しか下せない人々をあっという間に追い抜いていける。

だが学習もせずに、いきなり最高の意思決定ができるような優秀な人はいない。優れた意思決定者は自らの失敗と成功の両方から学ぶ能力を身につけている。それが凡人との違いだ。こうして成功を繰り返す一方、失敗は回避できるようになる。そのような能力を身につけなければ、いつまでも意思決定プロセスを改善することはできない。

数年前、私はある会社から、意思決定の質を高めるのを手伝ってほしいと依頼された。まずは現状を把握する必要がある。そこでシンプルな問いを投げかけた。「意思決定者が想定したとおりの理由で、想定したとおりの結果が出る確率はどれくらいか」

その結果に会社は驚愕した。意思決定者の想定どおりの結果が出たのはわずか20%ほどだったのだ。

想定どおりの結果が出た場合でも、ほとんどが想定していた理由からではなかった。要するに意思決定者の知識、努力、あるいは才能が成果につながっていたわけではなかった。能力より運が左右する部分が大きかった。これは意思決定をする立場にあった人々の自尊心を打ち砕いた。自分たちの成果は主に能力によるものだと思っていたのに、数字はそうではないことを示していた。いわばルーレットでツキに恵まれたのを、自分の「やり方」が正しかったからだと主張していたようなものだ。

このエピソードはすでに本書でも取り上げた自己都合バイアスという心理学的現象を表している。何事もセルフイメージを高めるようなかたちで評価する傾向だ。人は成功したときには、その原因は自分の能力や努力にあると考える傾向がある。反対に失敗したときには、原因を外部要因に求めるものだ。要はコイン投げをして表が出れば私が正しい、裏が出れば私は間違っていない、となる。もっと上を目指そうと思うなら、こんな誤ったストーリーを書き直す必要がある。

自己都合バイアスは自らの意思決定から学び、そのプロセスを改善していく妨げとなる。エゴデフォルト反応は私たちに「自分は実際より優秀だ、仕事熱心で、知識も豊富だ」と思い込ませようとする。自尊心という悪魔が吹き込む過剰な自信によって、自らの決定を批判的な目で吟味することができなくなる。能力と運、自分にとってコントロール可能なものと不可能なものを区別できなくなる。この悪魔のささやきに騙されたら、自らの意思決定から学ぶことはできないし、意思決定能力は永遠に向上しない。

自分の意思決定を評価するうえで頭に入れておくべき第一の原則はこうだ。

プロセスの原則 意思決定を評価する際は、その結果ではなく、決定を下すのに使ったプロセスに注目する。

世間一般では、優れた人物が優れた判断をすれば優れた結果につながり、愚かな人間が愚かな判断をすれば残念な結果になると考えられている。だがそうではないケースはたくさんある。愚かな判断を下した経験は誰にでもあるが、誰もが愚かなわけではない。そして人生には不確実性が付きものであり、優れた判断をしても想定外の不幸な結果が出ることもある。

アメリカンフットボールのシアトル　シーホークスのピート・キャロルコーチは、優れた判断と優れた結果がイコールではないことを誰よりもよくわかっている。2015年2月、第49回スーパーボウルの試合終了間際にキャロルが下した歴史的判断は、即座に大失敗と批判されるようになった。シーホークスは28対24でリードされていたが、ニューイングランド・ペイトリオッツのラインから1ヤードの位置にあり、タッチダウンして逆転するのは確実とみられていた。シーホークスの後衛には体重97キロの巨漢で、当時NFL屈指のランニングバックだったマーショーン・リンチがいた。その日もペイトリオッツ相手にすでに100ヤード以上のランを見せていた。

次の場面で何が起きたか、そしてキャロルの判断がどのように評価されることになったかを、当日のCBSスポーツの放送から振り返ってみよう。

次の場面で起きたことは、この世にフットボールがある限り、NFLの歴史に刻まれるだろう。（中略）セカンドダウンをフィールド中央の混みあったルートに投げさせるというキャロルの不可解な判断も同様に、永遠に疑問符を付けられるはずだ。（その結果）ペイトリオッツのヘッドコーチ、ベルチックと、この試合のMVPに輝いたトム・ブレイディがともに四度目のスーパーボウル制覇を成し遂げた。[2]

スタンドを埋め尽くしたファンにとっても、またテレビで試合を観ていた誰が考えても、正しい判断は明らかに思えた。「ビースト・モード」の異名をとっていたリンチに、ただボールを渡せばよかったのだ。だがキャロルはクォーターバックのラッセル・ウィルソンにパスの指示を出し、それが最悪の結果を招いた。

このプレイからもう何年も経っている。膨大な分析もされてきた。なぜ誰の目にも明らかだった簡単な選択肢を選ばなかったのか。キャロルは優れた情報にもとづいて、敵の弱点を突くつもりだった。試合後、インタビュワーが「みんながあれを史上最悪の失策だったと言っていますが」と水を向けると、キャロルはこう答えた。「一つの判断に史上最悪の結果が出たということだ」。キャロルの意思決定プロセスはまっとうだった。ただ思うような結果につながらなかっただけだ。人生にはそういうこともある。

正しい判断が必ずしも意図した結果を生まないこともある。現実世界で意思決定をする者は、遅かれ早かれこの教訓を学ぶ。ポーカープレーヤーはそれをよく知っている。**手札を使って完璧にプレイしても負けることはある。確かなことはなにもない。できるのは配られた手で最善を尽くすことだけだ。**

キャロルは世界最高の舞台で一つの判断を下し、それが最悪の結果につながった。だが自らの判断への自信は揺るがなかった。それは自分がなぜあの判断を下したのか、わかっていたからだ。ロジックが健全であることがわかっていた。キャロルにできるのは、結果から学ぶことだけだ。

優れた判断は優れた結果につながり、悪い判断が悪い結果につながると思っている人は多い。だがそれは事実ではない。判断の質は結果の質のみによって決まるわけではない。この概念を説明するために、思考実験をしてみよう。

あなたが自分のキャリアについて、とことん思慮深く意識的な意思決定プロセスで検討したとしよう。オファーは複数の企業からあった。一つはスタートアップ企業から、そしてフォーチュン500企業からの誘いもあった。家庭の状況を考え、結局フォーチュン500企業を選んだ。当初の収入はスタートアップより低いが、より安定しているように思えたからだ。

友人がもう一つのスタートアップのほうを選んだとしよう。しばらくして友人のほうが昇給スピードが速く、休暇もたっぷりもらえているようだとわかった。あなたの判断は正しかったのか、間違っていたのか。

次に、問題のスタートアップがわずか一年後に倒産したとしよう。これであなたの判断の評価は変わるだろうか。

私の言わんとしているところが伝わっただろうか。スタートアップが成功するかどうかは、あなたのコントロールの及ばない領域だ。そしてスタートアップに行った友人のほうが報酬が高いという事実に対して、その時点でどんな気持ちがするかもコントロールできない。あなたにコントロールできるのは、どのようなプロセスを使って判断を下すかだけである。そして判断が正しいか否かを決めるのは、このプロセスだ。結果がどうかはまた別の問題だ。

意思決定の質と結果の質を同一視する傾向を「結果主義」という。結果は意思決定のなかで最も目立つ部分だ。このため私たちは結果を意思決定の質を測る指標にしがちだ。望みどおりの結果が出れば、意思決定プロセスが優れていたと結論づける。一方、結果が望んだものでなければ外部要因のせいにする。「われわれのプロセスに欠陥があったわけじゃない。重要な情報が抜けていたんだ」と（だが知り合いが失敗すると、判断を誤ったせいだと考える）。

言うまでもなく、誰もが良い結果を手に入れたいと願う。だがこれまで見てきたように、優れた判断が悪い結果につながることもあれば、お粗末な判断が良い結果につながることもある。自分のものであれ他者のものであれ、**意思決定をその結果（あるいは結果についての感情）によって評価すると、幸運をスキルやコントロール能力と区別できなくなる。だから結果主義は成長につながらない。**むしろ結果主義の結果は停滞だ。

悪い結果についてうじうじ思い悩んだ経験のある人なら（「なんでああなると予想できなかったのだろう?」）、後から自分の気持ちをベースに過去の判断を評価するのは難しく、結局は無駄であることがわかるはずだ。「あの人に相談していたらなあ（当時は名前も知らなかったけれど）」あるいは「（当時は存在しなかった）あの情報さえわかっていたら、正しい選択ができたのに」などと考える。だが超一流の意思決定者でさえ、ときには悪い結果が出ることもある。

良い判断ができたか否かは、結果ではなくプロセスで決まる。 悪い結果が一つ出たからといって、あなたの意思決定能力が低いわけではない。同じように、良い結果が一つ出たからといって、あなたが天才という結論にはならない。意思決定の思考プロセスを評価しないかぎり、自分が正しかったのか、あるいは単にツキに恵まれたかはわからない。そして当時の思考プロセスは、可視化するためのステップを踏まなければわからない。

成功率１００％の意思決定というのはまずない。そして成功率90％の意思決定でさえ10％の確率で悪い結果が出る。大切なのは長期的に見たときの結果の推移であり、この10％に当たったときに最悪の事態に陥らないことだ。

次のマトリクスは、意思決定プロセスとその結果について振り返りをするとき、頭を整理するためのものだ。

悪いプロセスから良い判断が生まれることは決してない。もちろん、良い結果が生まれることはあるかもしれないが、それは良い判断と同義ではない。結果は運（不運）に左右される部分もある。誤った根拠で正しい結果が出ても、それは優秀さやスキルのおかげではなく、まぐ

	良い結果	悪い結果
良いプロセス	良い意思決定をし、計画どおりに事が運んだ。今の成功はあなたが実力で獲得したものだ。これを忘れず、この調子でプロセスを継続的に改善していこう。	良い意思決定をしたが、計画どおりに事が運ばなかった。残念！だが気落ちしてはいけない。プロセスを信じよう。経験から学び、継続的に改善していこう。
悪いプロセス	意思決定はお粗末だったが、ツキに恵まれた。ルーレットで勝つようなものだ。成功を獲得するために努力しておらず、これが実力ではない。単に幸運だっただけだ。いずれ負ける。可能なうちに変わろう。成長し、自らの意思決定プロセスをきちんと管理しよう。	意思決定はお粗末で、ツキにも恵まれなかった。ルーレットで負けたようなものだ。失敗して当然、これがあなたの実力だ。そこから学ぼう。これを覚醒の機会にして、可能なうちに変わろう。成長し、自らの意思決定プロセスをきちんと管理しよう。

れ当たりに過ぎない。

誤解のないように言っておくと、幸運に恵まれるのは悪いことではない（運のおかげだという自覚があれば）。しかし運は反復可能なプロセスではなく、長期的に良い結果を出し続ける役には立たない。運は学習できるものでも上達できるものでもなく、武器にはならない。

運と意思を混同するようになると、必ず失敗する。自分がリスクをとっていることに気づかなくなり、遅かれ早かれ不幸なサプライズに見舞われる。そして運と能力を混同するようになると、自らの意思決定から学習し、プロセスを改善し、長期的に良い結果を出し続ける機会を棒に振る。

後から自分の判断を評価するための、

二つめの原則はこれだ。

透明性の原則　意思決定プロセスをできるだけ可視化し、批判を受け入れる。

他人の意思決定を評価するのは、自分自身のそれを評価するのとは異なる。他人の意図、思考、あるいはプロセスを知る機会はめったにないので、結果以外を参考に意思決定を評価するのは難しい。

だが自分の意思決定を評価するとなると、話は別だ。本人なので、プロセスそのものがわかる。自らの思考を吟味し、何がコントロール可能であったか否か、その時点で知っていたことと知らなかったことを区別できる。そのうえで学習したことをプロセスに還元し、次の機会に役立てることができる。もちろん、言うほど簡単ではないのだが。

自らの意思決定から学習するのに苦労する人は多い。その一因は、思考や意思決定のプロセスはたいてい可視化されていないからだ。私たちは意図せずに、最終判断に至るまでのステップを自分自身から隠そうとする。ひとたび判断が固まれば、そこで立ち止まって熟慮することはなく、ただただ前へ進んでいく。そして後から判断を振り返るときには、自尊心が記憶を操作する。今わかっていることと、判断した時点でわかっていたことを混同する。そして結果を踏まえて、それを当時の意図に織り込もうとする。「そうか、私はこうするつもりだったんだ」と。

意思決定をした時点で自分の思考（自分は何を知っていたか、何を重要だと思ったか、それについてどのように考えたか）を振り返らないと、良い判断をしたのか、それとも単にツキに恵まれたのかは決してわからない。自らの意思決定から学びたいなら、プロセスをできるだけ可視化して、批判を受け入れなければならない。それには次のセーフガードが役に立つだろう。

セーフガード 意思決定をする時点で、自分の考えたことを記録しておこう。事後に記憶を頼りに振り返るのはやめよう。そのとき自分が何を知っていて、どう考えたかを後から思い出そうとするのは不毛だ。

自尊心は記憶を歪め、実際よりも自分は賢く、知識があるようなストーリーを信じ込ませようとする。そして私たちは、あのときの自分より良い判断をできた者などいないだろうと考える。意思決定をした時点で自分が何を考えたのか明確に知る唯一の方法は、その時点で考えたことを記録しておくことだ。

自分の考えを書き留めておくことには、いくつかのメリットがある。

一つは、意思決定した時点の思考プロセスについての手がかりが残る。見えないものが可視化される。自分の決定を振り返るときに記録があれば、エゴデフォルト反応による歪曲効果に抗うのに役立つ。「意思決定した時点で私は何を知っていたのか」「私が起こるだろうと予想した事態が、予想した理由によって起きただろうか」といった問いに対して、正しく答えられるのだ。

考えを記録しておく二つめのメリットは、往々にして何かを書き留めようとすると、思ったほどそれをよく理解していなかったことに気づくからだ。最終判断を下す前にこの事実に気づくほうが、後から気づくよりずっと良い（そして安上がりだ）。事前に考えを書き留めれば、さらに情報を集め、問題をより深く把握できるかもしれない。

三つめのメリットは、他の人が通常は目にすることのないあなたの思考プロセスを見られるようになることだ。見られるようになれば、そこに誤りがないか確認し、あなたが見落としたかもしれない視点を提供してくれるかもしれない。自分の考えを他人（あるいは自分自身）にわかりやすく説明できなければ、それは対象をしっかり理解しておらず、さらに深掘りし、情報を集めなければならないサインだ。

そして最後のメリットは、他の人々にあなたの視点から学ぶ機会を与えられることだ。組織で働く一人ひとりがどのように意思決定をしたのか記録し、データベース化しておくことは、多くの組織にとって意義がある。あなたの組織に検索可能な意思決定のデータベースがあったらどうかと想像してみよう。組織内で部署を越えて、互いの考えをチェックできるようになるかもしれない。経営層は優れた意思決定者を凡庸な人々の中から選び出したり、社員に意思決定の見本（良い見本も悪い見本も）を示せるかもしれない。みなさんがこのようなシステムをつくったら、ぜひ私も分け前に預かりたいところだ。

ここまで紹介してきたさまざまな原則は、みなさんが求める成果を手に入れるのに役立つはずだ。だが本当に大切なものを求めるようになるための手段ではない。

第5部

本当に大切なものを追い求める

Wanting What Matters

あたかも君が
すでに死んだ人間であるかのように、
現在の瞬間が
君の生涯の終局であるかのように、
自然に従って余生を過ごさなくてはならない。

―― マルクス・アウレリウス
『自省録』第7巻

優れた意思決定の要諦（ようてい）は次の二つだ。

1 求めるものを手に入れる方法を知る

2 求める価値があるものを知る

一つめはいかにして**効果的な**意思決定をするか、二つめはいかにして**優れた**意思決定をするかの話だ。同じことじゃないかと思うかもしれないが、両者は別物だ。

取引をまとめる、空きポストを埋めるといった、すぐに結果の出る決定は効果的かもしれないが、信頼、愛、健康といった人生において本当に重要なことには必ずしも結びつかない。一方、優れた決定とは長期目標や価値観に沿うもので、最終的に仕事、人間関係、人生において心から望むような満足感や充実感をもたらすものだ。*

効果的な決定が目先の結果をもたらすのに対し、優れた決定は究極の結果をもたらす。

優れた決定はいずれも効果的だが、効果的な決定がすべて優れているわけではない。究極の判断とは詰まるところ、そのときたまたま自分が望んでいると思っていたものではなく、心の底から求めているものを手に入れられるような決定を下すことだ。

＊この段落は書き上げてからChatGPTに「わかりやすく書き直して」と頼んだ。

人生における後悔には二種類ある。自分がやったことについての後悔と、やらなかったことに対する後悔だ。なかでも最悪なのが、自分に正直に生きなかったという後悔、自らの基準に沿って生きなかったという後悔だ。

デフォルト反応に流されると、後悔の原因になる。社会性デフォルトは他人の目標をそのまま受け入れろとそそのかす。たとえそれが自分とはまったく違う環境で生きている人の目標であっても。惰性デフォルトはかつての目標をいつまでも追いつづけろとささやく。たとえそれを達成したところで、自分は幸せになれないとわかってしまった目標であっても。感情デフォルトは私たちを翻弄し、本当に大切な目標を犠牲にしてでも、そのとき夢中になった何かを追いかけさせる。そしてエゴデフォルト反応はたとえ自分や周囲の人たちの幸福や健康を犠牲にしてでも富、地位、権力といったものを追いかけろと説得する。

いずれかのデフォルト反応に人生の手綱を譲り渡してしまったら、終着点は後悔だ。他人の基準で生きてはならない。他人に人生の目標を選ばせてはならない。自分の現在地、向かおうとしている場所に対して責任を持たなければならない。

本物の知恵は成功を追い求めるなかで得られるものではなく、人格を磨くなかで身につくものだ。ジム・コリンズもこう書いている。「規律なくして成果はなく、人格なくして規律はない」[1]

第23章 ディケンズの教え

Dicken's Hidden Lesson

エベニーザ・スクルージはチャールズ・ディケンズの生み出したキャラクターのなかでもとりわけ印象深い。欲のかたまりで、何よりもカネに執着する。スクルージは3人の霊に連れられ、過去、現在、そして起こりうる未来の自分のイメージを見せられる。その未来でスクルージは死んでおり、幽霊は他の人がスクルージの噂話をするのを聞かせる。彼らはスクルージが死んだことを喜び、スクルージとの思い出を悪意たっぷりに語り、スクルージから物を盗んだことを悔いもせず、スクルージという「呪い」から解放されてほっとしている。自らが積み重ねてきた判断がもたらす長期的影響を目の当たりにしたスクルージはそれを悔い、もう一度チャンスを与えてほしいと懇願し、やり直す機会をもらう。*

スクルージは社会の基準に沿って生きてきた。序列に敏感な人間の本能を刺激し、なりふり構わずカネや地位や権力を追求させる基準だ。だが長期的な未来を見たことで、こうしたものが本当はまったく重要ではないこと、他人の基準に沿って生きる人生には生きる価値がないことに気づいた。手遅れになる前に、人生における成功とは良き仲間と有意義な人間関係を手に入れることだと知った。

人生の質は目指すものの質で決まる。カネ、地位、権力があれば幸せになれると考える人は多いが、そうではない。それらを手に入れた途端、満たされなくなる。もっと欲しくなるだけだ。心理学者のフィリップ・ブリックマンとドナルド・T・キャンベルはそれを「快楽の無限ループ」と呼んだ。[1] そんなものに陥ったことはないと言い切れる人がいるだろうか。

あなたも16歳のときには、車さえ手に入れば、もう人生に望むものはないと思ったのではないか。そして車を手に入れる。1～2週間は夢見心地。友人たちに見せびらかし、あちこち走り回る。人生はなんとすばらしいのだろう、と思う。だがやがて現実が見えてくる。車にはさまざまな厄介事が付きものだ。保険、ガソリン、メンテナンスの費用に加えて、他人との比較という問題がある。車を持っていなかった頃は、比較対象は同じように車を持っていない人たちだった。だが車を手に入れた今、比較対象は車を持っている人たちになる。自分より良い車に乗っている人が気になり、それまで自分を有頂天にしてくれた車に不満が出てくる。こうして再び、快楽の無限ループの出発点であった「不満」に逆戻りする。他者との比較は「幸せ泥棒」だ。[†]

社会的比較は常に起こる。対象は家や車のこともあるが、たいていは地位に関するものだ。初めて大企業で働きはじめたとき、私の内なる声も昇進さえできれば幸せになれるはずだとささやいてきた。だから熱心に働き、昇進した。数週間は有頂天だった。だが車の例と同じように、やがて現実に目が覚める。新しい責任、新しい問題を抱えるようになった。さらに悪いことに、比較対象が変わった。かつての不満レベルに戻るのに時間はかからなかった。その後も昇進は続いたが、それによって幸せになることはなく、もっと上に行きたいという思いが募るばかりだった。

　私たちは常に、次のレベルに行ければ満足だと自分に言い聞かせるが、そうなった試しはない。預金口座の残高が一ケタ増えたところで、今より満足度が高まるわけではない。もう一度昇進したところで、あなたはあなただ。高級車によって幸せが得られるわけでもなく、もっと大きな家に住めば問題が解決するわけでもない。SNSのフォロワーが増えたところで、もっと良い人間になれるわけではない。

　快楽の無限ループに陥ると、「タラレバ幸せ」人間になるだけだ。こうなったら、ああなれば幸せになれると考える人だ。たとえば、自分にふさわしい評価が得られれば幸せになれる、

* これは私が一番気に入っている事例の一つだ。ピーター・カウフマンに指摘されて以来、あらゆるところで目にするようになった。

† このフレーズはセオドア・ルーズベルト、マーク・トウェイン、C・S・ルイスのものとされるが、このうち誰も実際に発言した様子はない。以下を参照。"Comparison Is the Thief of Joy," Quote Investigator, February 6, 2021, https://quoteinvestigator.com/2021/02/06/thief-of-joy/.

もっと収入が増えたら幸せになれる、特別な誰かに巡り合えたら幸せになれる、と。だが幸せとは特定の「状態」ではない。

タラレバ幸せ人間が幸せであることはまずない。望んでいると思っていたこと（条件文の「～たら」に相当する部分）が叶った瞬間に、それが新たな「ふつう」になり、当然もっと欲しくなる。一方通行の扉をくぐるようなもので、後ろで扉が閉じたらもう、その向こう側の世界は見えなくなる。それまでいた場所ではなく、現在地しか見えなくなる。

今置かれている状況はふつうで、周囲にあるすばらしいものも「あって当然」になる。そうなると何を見ても幸福を感じなくなる。こうして自分を幸せにしない目標を追いかけ、無限ループを必死に走り続けても、本当に重要なことを追いかけてはいない。

スクルージは本当に重要なことを犠牲にして〝成功〟を追い求める架空のキャラクターだ。だが現実にもそんな人はたくさんいる。私はかつておなじみの方法で、つまり他人を蹴落としながら熾烈（しれつ）な競争を勝ち抜き、大企業の出世の階段を昇りつめた人物と仕事をしたことがある。彼にとってCEOになる過程で出会った人々は、金持ちになりたい、尊敬されたい、有名になりたいといった目標を達成するための手段でしかなかった。彼は地位と承認を求めていた。

緊迫した会議を終えて感情が高ぶっているとき、CEOは私によくこう言った。「シェーン、ライオンになるか羊になるか、決めないといけないぜ。オレはライオンだ」。そして『ゲーム・オブ・スローンズ』に出てくるタイウィン・ラニスターの言葉を引用するのだった。「ライオンは羊の意見など気にしない」。彼は自分が食物連鎖の頂点にあることを、みなに知らしめたいと思っていた。

　ゴルフ好きのCEOは、週に何度もラウンドしていた。相手には事欠かず、むしろ友達が多すぎて全員とプレイできないとこぼしていた。その後一線を退くときには、ようやくたくさんの友人とゴルフ三昧ができると楽しみにしていた。だがフタを開けてみると、〝友人〟や仕事仲間はみな「忙しい」「都合が悪い」などと言って断るか、電話をかけ直しても来なくなった。月に一ラウンドするのにも人が集まらないほどだった。

　それまでの人間関係は有意義で実のあるものに見えたが、実際には誰もがこのCEOとはかかわりたくないと思っていた。彼の打算的な姿勢は、利用された、振り回されたという印象を相手に与え、不満を抱かせていた。CEOは周囲を怒鳴りつけ、罵り、癇癪玉をぶつけていた。周囲がこのCEOと仕事をしたのは仕方がなかったからであり、彼にとっては楽しみであったゴルフも、周囲にとっては仕事だった。

　CEO退任からしばらく経ち、彼はこれまで自分は間違ったゲームに勝とうとしていたのだという結論に至った。財産、権力、知名度といった目標を、多くの人に勧められるままに追い求めてきた。これらを何より優先し、わき目も降らずに追いかけてきた。最終的に望んでいたはずのものを手に入れた。だが結局、虚しさだけが残った。有意義な人間関係を犠牲にして望んでいたものを手に入れたが、本当に重要なのは前者であったことに気づいた。スクルージとは違い、彼にはセカンドチャンスはなかった。

　キャリアのステージこそ違え、このCEOと同じ道を歩んでいる人がどれほど多いだろうか。

幸福よりも富や地位を、内面的なものより外面的なものを重視し、追求の仕方についてはほとんど考えない。その過程で自分にとって大切な人を犠牲にしながら、大切ではない人々からの賞賛や承認を求めることになる。

成功者であっても、ああいう人生はごめんだ、という人を私はたくさん知っている。知性があり、意欲もあり、機会もあり、それらすべてをモノにする才覚もある。だが欠けているものがあった。自分が望むものを手に入れる方法は知っていたが、彼らが望んだのは望む価値のないものだった。実際、彼らが望んだものは最終的に彼らの人生を損なった。彼らに欠けていたのは、スクルージが幸運な人生の転機に手に入れたものであり、それは不幸な大勢と幸福な少数を分ける要素でもある。

古代ギリシャ人はこの要素を「実践知」と呼んだ。生き方を律し、最高の成果を達成するための知恵だ。自分がティーンエイジャーだったころの判断を今振り返ると、かなり愚かに思えるだろう。親から車を盗んだり（もとい、拝借したり）、飲みすぎて羽目を外したり（当時はカメラ付きスマホがなくてよかった）、好きな子をめぐって友人とケンカをしたり。こうした判断は当時は愚かに思えなかったのに、なぜ今は愚かだと思うのか。それは今のあなたには、当時は持っていなかった視点があるからだ。あの頃の自分には世界で一番重要に思えたこと、当時はそれで頭がいっぱいだったことが、今振り返るとばかばかしく思える。

知恵を身につけるには、デフォルト反応を抑える能力、論理的に思考し、自らを振り返る時間的スペースをつくる能力、効果的な決定を下すための原則やセーフガードを活用する能力といった、本書で述べてきたことすべてが必要だ。だが賢明な人間に必要なことは他にもある。自分が望むものを手に入れる方法を知っているだけでは不十分だ。望む価値があるものを、本当に重要なものを知っていなければならない。「イエス」の言い方だけでなく、「ノー」の言い方も知っていなければならない。人生にかかわる決断を下すとき、他の人々のまねをしながら彼らより良い結果を期待することはできない。できるだけすばらしい人生を生きたいと願うなら、違うアプローチが必要だ。

一番重要なのは、何を望むべきかを知っていることだ。心の奥では、あなたは自分が何をすべきかすでに知っている。あとは自分自身のアドバイスに従うだけだ。他人に与えるアドバイスに最も従うべきなのは自分ということもある。

第24章 幸せの達人

The Happiness Experts

『1000人のお年寄りに教わった30の知恵』[1]の著者である、老年学者のカール・ピルマーにインタビューしたことがある。70代、80代、あるいはそれ以上の高齢者が若い人々より幸福であることを示す研究をたくさん見てきたピルマーは、興味をひかれた。「愛する者を亡くしたり、とほうもない苦難を経験したり、深刻な健康問題を抱えたりしているのに、幸福で充実していて、人生を心から楽しんでいるお年寄りをたくさん目にする。『これはいったいどういうことだ?』といつも不思議に思っていた」

そんなある日、ひらめいた。もしかしたらお年寄りは、若い人々が知らない幸せな人生の秘訣を知っているのかもしれない。私たちには見えないものが見えているのかもしれない。幸福な人生の送り方を知っているると主張できる層がいるとすれば、それは高齢者だろう。だが意外なことに、高齢者に若い世代への実用的アドバイスを尋ねた研究は存在しなかったという。こうしてピルマーの7年にわたる「お年寄りの実用的知恵」を訪ね歩く旅が始まった。

お年寄りからの一番重要な教えは「人生は短い」だ。「回答者の年齢が上がるほど、人生は一瞬のうちに過ぎ去ると答える人の割合が高くなる」。お年寄りが若い世代に向かって人生が短いと言うのは、不吉なことを言うつもりでも悲観でもない。本当に重要なことを優先させる、より良い判断を促すような視点を提供しようとしているのだ。ある男性はピルマーにこう語った。「60代ではなく30代のときにこれを知れたらよかった。そうすればもっと人生を楽しむ時間を持てたのに」。未来の後知恵を現在の先見の明に変えられたら、どれほどよいだろう。

時間は人生における究極の貨幣だ。この地球上で過ごす短い時間を管理するうえで意識すべきことは、あらゆる希少資源を管理するために重視すべきことと変わらない。「最も重要なことを優先しながら、賢く使う必要がある」だ。

ピルマーがインタビューした人々の語った「最も重要なこと」とは何だったのか。いくつか挙げてみよう。

- 大切な人に言うべきことを今言おう。感謝を伝える、許しを請う、情報を求めるなど、なんでもいい。
- わが子とできるだけ多くの時間を過ごそう。
- 「大きな買い物」をして満足感を得ようとするのではなく、日々の喜びを味わおう。
- 心から愛せる仕事に就こう。

●人生のパートナー選びは慎重に。拙速に決めないこと。

お年寄りが重要ではないと言ったこともまた示唆に富む。

●幸せになるために、できるだけ仕事を頑張ってお金を稼ぐべきだと言う人は一人もいなかった。

●周囲の人と同じぐらい金持ちになることが重要だと言う人は一人もいなかった。

●「どれくらい稼げそうか」を基準に仕事を選ぶべきだと言う人は一人もいなかった。

●自分に酷い仕打ちをした人に仕返しすればよかったと後悔している人は一人もいなかった。

そしてお年寄りが最大の後悔に挙げたものは何か。起こりもしないことを心配したことだ。「心配するのは人生の無駄だ」とある回答者は語った。

これらはピルマーが「困難なときも幸せに充実した人生を送る方法について、一番信頼できる専門家」と呼ぶ人々が与えてくれた最も重要な洞察だ。しかし、さらに重要な洞察がもう一つある。

ピルマーは回答者の一人に、幸せはどこから生まれるのか教えてほしいと頼んだ。女性はしばし考えて、こう答えた。「89年の人生で、幸せという状態があるのではなく、それは選択するものだと学んだの」

ピルマーによると「お年寄りは自らの身に起こる出来事と、幸せに対する心持ちを明確に区別する。こういうことが起きても幸せだ、と。幸せは外的事象に左右される受動的な状態でもなければ、性格によるものでもない（生まれつき性格が明るい、など）。そうではなく、幸せになるには意識的にモノの見方を変えなければならない。悲観ではなく楽観を、絶望ではなく希望を、日々選択するのだ。

歳を重ねるほど、私たちの考えはマルクス・アウレリウスに近づいていく。「君がなにか外的な理由で苦しむとすれば、君を悩ますのはそのこと自体ではなくて、それに関する君の判断なのだ。ところがその判断は君の考え一つでたちまち抹殺してしまうことができる」[2]

この洞察には劇的な効果がある。それによれば幸福は、本書で見てきたさまざまな決定が積み重なった先にあるものとなる。想像してみよう。**詰まるところ、あなたのキャリアやプライベートを形づくるすべての決定は、幸せになるという大きな決定の一部なのだ。**あなたは人生において何を追い求めるか、決められる。自分にとって優先すべきものは何か、決められる。自分の時間、エネルギーなどのリソースを、究極の重要なものに注ぎ込もうと決められる。

お年寄りの視点から物事を見られれば、より良く生きるためのヒントが得られるかもしれない。幸福の達人たちのように、何が本当に重要で、何がそうではないかを見抜く目を持てるかもしれない。実は古代から伝わる、まさにそのための方法がある。人生の短さについて考えるようにすれば、何が本当に重要かわかるようになるというのだ。

セネカは言った。「人生のまさに終局を迎えたかのような心構えでいよう」。より良い人生を望むなら、死について考えてみよう。

第25章

今日が人生最後の日だったら

Memento Mori

ここで一つ、思考実験をしてみよう。

心を空っぽにしよう。あなたは80歳で、人生の終わりに近づいている。あと数年、あるいは数時間の命かもしれない。気持ち良い秋の日、川を見下ろす公園のベンチに座っている。空には渡り鳥の鳴く声が響き、川はゆっくりと流れていき、木からは葉っぱがくるくると落ちてくる。家族連れが通り過ぎていく。親は小さな子どもたちの手を引いている。

時間はどれだけかけてもかまわない。急ぐ必要はない。

じっくり考えてみよう。この想像した世界であなたの人生はどうなっているだろう。そこには誰がいるだろう。あなたは彼らにどのような影響を与えたのか。彼らのために、あなたは何をしたのか。どんな気持ちにさせたのか。あなたは何を成し遂げたのか。何を持っているのか。人生が残り数日となった今、あなたにとって一番大切なものは何か。大切ではないと思えるものは何か。愛おしく思う思い出は何か。後悔していることは？　友人たちはあなたのことを何と言うだろうか。家族はどうか。

人生の最期に視点を移すことは、本当に重要なものは何か気づくのに役立つ。賢くなるのに役立つ。人生の終幕のレンズから現在を振り返ると、今頭をいっぱいにしている不安や願望が脇に引っ込み、人生全体にもっと大きな意味のある事柄が前面に出てくる。スティーブ・ジョブズはそれをこんな言葉で語っている。

自分はもうすぐ死ぬのだという意識ほど、人生で大きな決断を下すのに役立つ大切なツールを私は知らない。なぜなら死に直面するとたいていのこと――外部からの期待、プライド、恥をかいたり失敗することへの不安など――は雲散霧消し、本当に重要なことだけが残るからだ。自分はいずれ死ぬと意識することは、失うものがあると思い込むワナを回避する最善の方法だ。[1]

この視点の変化によって、未来の後知恵が現在の先見の明に変わる。それは未来への道を切り拓くための地図を与えてくれる。人生をこのように見た結果、現在向かっている方向が本当に行きたい場所と合っていないことに気づく人は多い。気づくのは良いことだ。自分が間違った方向に進んでいることに気づくのは、正しい道筋へ戻る第一歩だ。本当に重要なことがクリアになると、「私は限られた時間を正しく使っているだろうか」と自問できるようになる。[2]

ジョブズには毎日執り行う儀式があった。朝、鏡に向かい、「今日が人生最後の日だとしたら、今日しようとしていることをしたいと思うだろうか」と自問するのだ。答えが「ノー」である日が何日も続くようであれば、何かを変えなければいけないことがわかる、と語っていた。私も人生のある時期から同じ儀式を実践するようになった。情報機関を辞めた一因もそこにある。うまくいかない日というのは誰にでもあるが、ジョブズの問いに対する答えが何日も何週間も「ノー」であれば、何かを変えるべき時期が来ている。[3]

これを実践したとき、誰かとの関係を思い浮かべる人もいるだろう。配偶者とソファに座って一緒に泣いたとき、ロマンチックな週末、手を取り合って浜辺を散歩したときのことかもしれない。結婚式のこと、あるいは子どもたちと過ごした本当に楽しい時間かもしれない。友人に寄り添ったときのこと、あるいは友人が寄り添ってくれたときのことかもしれない。

後悔していることを思い浮かべる人もいるだろう。巡ってきたのに手を伸ばさなかったチャンス、追いかけなかった夢、立ち上げなかった事業、あきらめた恋、行かなかった旅行、傷つきたくなくて行動しなかった場面、バカだと思われる不安から他人と違う行動をとらなかったときのこと。

ジェフ・ベゾスも同じような思考実験をした。

私は80歳になった自分を思い浮かべ、こう言った。「よし、人生を振り返ってみよう。後悔はできるだけ少ないほうがいい」。（中略）80歳になった自分は、（アマゾンに）挑戦したことを後悔はしないだろう。大化けしそうなインターネットなるものに身を投じたことも後悔しないだろう。失敗しても、それを後悔はしないだろう。唯一後悔するとすれば挑戦さえしなかったことだ。その悔いに日々苦しめられるだろう。このように考えると、決断するのはとても簡単だった。[4]

私たちは自分がしたことよりも、しなかったことを後悔する。挑戦して失敗した痛みは強烈かもしれないが、少なくとも比較的すぐに消える。一方、挑戦しなかった痛みはそれほど強烈ではないかもしれないが、完全に消えることはない。[5]

所有物そのものの価値は薄れ、むしろそれが何をもたらしたかが重要になってくる。思考実験で自宅を思い浮かべた人は、それを投資対象としては見なかったはずだ。家のことが頭に浮かんだのなら、きっと他者との関係や思い出の文脈だろう。家族と囲む夕食、笑い声、涙、パーティ、パートナーと一日中のんびり過ごした日のこと、ボードゲームに熱中したこと、毎年子どもの身長を測った柱の傷。

ストリーミングで『ブレイキング・バッド』や『マンダロリアン』といったドラマや『バチェラー』シリーズを観たときのことを思い浮かべたりはしなかっただろう。長時間の通勤とその間に聴いたポッドキャストやオーディオブックのことも思い浮かべなかったのではないか。少なくともその一部を家族や友人と過ごす時間、あるいはずっと書きたいと思っていた本の執筆に充てられたのではないかと思ったかもしれない。

自分がこうありたいと思う人間になれなかったときのことを思い出したかもしれない。誰にでもそのような経験はある。不適切なメールを送ってしまったとき、あるいは感情をコントロールできずに愛する人を怒鳴ってしまったとき。相手に愛情を、あるいは自分の不安を伝える方法がわからなくて、相手の反応を引き出したいばかりに心にもないことを言ってしまったとき。誰かに必要とされていたのに、自分のことにかまけて手を差し伸べられなかったときだろうか。

自分の住むコミュニティ、街、国、あるいは世界に与えた（あるいは与えられなかった）影響について考えた人もいるだろう。自分の健康について考えた人もいるだろう。80歳、90歳、100歳まで生きられる身体をつくるために、できることはすべてしただろうか。他者を大切にするように、自分自身も大切にしただろうか。

昇進する、家を買うといった人生の決定的瞬間と思われがちなものは、そのときは気にも留めなかったようなささやかな瞬間の積み重ねほど人生の満足度に影響を与えない。最終的には大きなご褒美より、ありふれた瞬間のほうが重要だ。大きな輝かしい光より、小さなきらめきのほうが大切だ。

第26章 死が教えてくれる生きる知恵

Life Lessons from Death

われわれは、短い人生を授かったのではない。
われわれが、人生を浪費しているのだ。

——セネカ、『人生の短さについて』第一章

死というレンズを通して自分の人生を評価するのは、生々しく強烈で、少し恐ろしい経験かもしれない。一番重要なものがクリアになる。今の自分となりたい自分の差にも自覚的になる。今どこにいて、これからどこに行きたいかがわかる。これらがはっきりわからないと知恵も働かず、重要ではないことに目の前の時間を使ってしまう。

私はこの思考実験をするたびに、自分の人生についてより客観的に見られるようになる。そ

してもっと良い自分になりたいという思いが湧いてくる。

最初に頭に浮かぶのは、他の人のためにしたいことだ。

大切な人たちが私を必要としたとき、その場にいただろうか。一番身近な人たちのために時間をつくっただろうか。自分がなりたいと思っているパートナーになれているだろうか。愛情深く、協力的で、めちゃめちゃロマンチックで情熱的な一面も伝えているだろうか。私は良き父親だろうか。たくさん旅をして広い世界を見てきただろうか。他の人は私を頼りにできるだろうか。地域社会に積極的に参加しただろうか。他の人が夢を実現する手助けをしただろうか。世界をより良い場所にしただろうか。

目的地がわかっていれば、どうやってそこへ到達するかもクリアになってくる。アリストテレスも言うように「最良の善を知っていることは、最高の生き方を知るうえで大きな意味を持つ。それがわかれば狙うべき的のある射手のように、正しい点を射抜くことができるだろう」[1]。

私の子どもたちはあるとき、迷路は出口からたどったほうが入口からたどるより簡単であることに気づいた。とりわけ難しい、複雑な迷路ほどそうだ。最終目的地を意識して始めることで、どの道をたどるべきか決めやすくなる。これは人生全般について言えることだ。

これがあなたの人生最後の一年になるとしたら、今と同じ生き方をするだろうか。私があるとき昼食をとりながら友人にこの問いを投げかけたところ、彼は即座にこう答えた。「僕なら貯金を使い果たし、クレジットカードを限度額まで使い切り、ドラッグでも始めるかな」（ドラッグの部分はジョークだと信じたい)。

90歳の自分を思い浮かべてみると、クレジットカードをめいっぱい使ったり、ドラッグを吸ったりしても幸福にはつながらないことがはっきりする。多くの人の場合、死について考えると浪費をしようとは思わなくなる[2](ドラッグの弊害については説明するまでもないだろう)。人生最後の一年を、メールをチェックしたり、他人の悪口を言ったりして過ごそうと思う人はいないだろう。感謝祭のディナーの席で政治談議をした叔父に、自分のほうが正しかったことを思い知らせてやろうとも思わないだろう。

歳をとった自分が人生を振り返ったとき、どんな生き様を見たいかと想像すると、ささいなことにこだわって受け身で生きていくのではなく、主体的に生きていこうと思う。自分にとって本当は何が重要かわかるようになっていく。ちっぽけなことはちっぽけに、本当に重要なことは重要に見えてくる。この視点に立つと、自分が本当に望む未来に向かって歩んでいきやすくなる。今いる場所と行きたい場所のズレに気づき、必要に応じてルートを修正することができる。

たとえば私の場合、この思考実験をした後、食生活を改善し、睡眠時間を増やし、定期的に運動するようになった。なぜか。90歳まで生きて自分がやりたいと思うことをすべてやりきるためには、健康でいなければならないからだ。同じように父親としての役割により集中したいという思いが明確になった。このため子どもたちがいるときにはスマホを使わないようにして、子どもたちとの絆を深めるようなルーティンをつくった。毎日子どもたちが帰宅すると、一緒にソファに座って学校であったことを話し合うことにしたのだ。もちろん、いずれもささやかな変化だが、私自身と大切な人たちにとっては大きなインパクトがあった。

思考実験を続けていると、自分が死んだ後、他の人たちは私について何と言うだろうという疑問がわいてくる。もはや私に発言のチャンスがなくなったとき、みんなはどんな本音を語るのか。

どんなことであれ、私にとってそれを変えるチャンスは今だ。今ならまだ時間がある。[3] みんなが言うことは良いことばかりではないだろう。それは修復しなければならない人間関係があるということだ。でも今ならそれができる。もっと心の広い人間になれる。なぜなら、それが私にとって重要なことだからだ。

知恵とは未来の後知恵を現在の先見の明に変えることだ。ある場面で重要に思えることが人生において重要なことはめったにないが、人生に重要なことはあらゆる場面において重要だ。[4] ある場面で勝ったと思えることは、たいてい薄っぺらな勝利に過ぎない。そのときは重要に思えても、人生全体では重要ではない。最終的に到達したい方向に進んでいなければ、たどりついた場所で後悔することになる。後悔を避けることは、人生に満足するための重要な要素だ。

良い判断と良い人生

良い判断とはまずなにより、重要なこと（その瞬間に重要なことではなく、人生にとって重要なこと）を成し遂げるのに役立つものだ。今日成功する方法を探り当てるのではなく、人生の終わりを意識しながら、なぜ、どのように人生を整えていくべきかを明らかにするためのものだ。

賢明な人は本当に価値があるものは何か、わかっている。人生は一度きりであること、下書きもやり直しも、特定の時点に戻って再スタートを切ることもできない。快楽の無限ループに乗っかって、浮ついた野心を追いかけることに時間を浪費しない。本当の豊かさには何が必要かわかっていて、まわりにどう思われようと何を言われようと、それを獲得するために全力を尽くす。

ときとして賢明である代償として、他の人から愚か者のように扱われることもある。それは意外なことではない。愚か者には、賢い人が何をしているのかわからないのだから。賢い人は仕事、健康、家族、友人、信仰、地域社会など、あらゆるものに目配りしながら人生全体を見ている。他の部分をそっちのけで、特定の部分だけに固執することはない。人生のさまざまな構成要素を調和させ、それぞれを全体のなかでバランスよく追求する方法を知っている。そのような調和を実現することが人生を意義深く、美しく、尊敬に値するものにするとわかっている。

優れた判断力を身につけたければ、まず自らに二つの問いを投げかけるところから始めよう。「私は人生に何を望むのか」「それは本当に望む価値のあるものだろうか」と。二つめの質問にきちんと答えるまで、どんな意思決定のアドバイスを受けたところでたいした役には立たないだろう。手に入れても幸せになれないものを手に入れる方法を知ったところで、あまりメリットはない。人生の最期に残るのが「やり直したい」という思いだけなら、どれだけ権力、名声、お金を手に入れても意味がない。

おわりに

クリア・シンキングの意義

Conclusion:
The Value of
Clear Thinking

良い判断を下すのにはコストがかかる。だが悪い判断の後始末にかかるコストとは比較にならない。

本書を貫くメッセージは、私たちのなかでは知らず知らずのうちに良い判断を妨げる本能が働いている、というものだ。私たちにデフォルト反応として備わった行動プログラムは、思考せずにただ反応し、意識的ではなく無意識のうちに生きるようそそのかす。

デフォルト反応に屈せば、勝てる見込みのないゲームを戦うことになる。自動操縦モードで生きれば悪い結果が出る。取り消せない失言をしたり、なかったことにできない失策をしでかしたりと、事態は悪くなる一方だ。目先の目標は達成できるかもしれないが、それによって究極の目標を達成するのが困難になったことには気づかない。こうしたことがすべて、そもそも判断を下したという自覚もないままに起こる。

思考法の本の多くは、どうすればもっと合理的に思考できるかばかりに目を向ける。判断ミスのほとんどは、判断すべき場面だと気づかないときに起こるという根本的問題を見落としているからだ。ミスは無意識が行動を支配し、何をすべきか決定するプロセスが停止するために起こる。意識的にパートナーと口論することを選んだわけではないが、気づくと相手を傷つけるような言葉を口にしている。意識的に家族を犠牲にしてお金や地位を追いかけているわけではないが、気づくと人生において一番大切な人たちと過ごす時間がどんどん減っている。意識して自説を貫こうとしているわけではないが、気づくと自分を批判する人全員に恨みを抱いている。

人生に望むものを手に入れるカギとなるのが、世界がどのように動いているかを認識し、それに自分を合わせることだ。世界はこうあるべきだと勝手に決めつけ、望んだ結果が出ないと、他人や状況のせいにしてなんとか責任を逃れようとする人は多い[1]。責任回避は不幸のもとであり、優れた判断力を養う努力の対極にある。

結局のところ、判断力を高めるうえで重要なのは、合理性を高めるツールをそろえることではない。望ましい道筋が最も選びやすいものになるように、セーフガードを取り入れることだ。自分が一番良い状態にあるときに、最悪の状態のときに役立つシステムをデザインすることだ。こうしたシステムによってデフォルト反応を封じることはできないが、それに振り回されているときに自覚できるようになる。

意志の力だけではデフォルト反応を抑え込めない。意識下で作動するデフォルト反応を抑え込むには、無意識を正しい方向へ引き戻す、同じくらい強い力が必要だ。それが習慣であり、ルール、環境である。デフォルト反応を覆すためには、見えないものを可視化して、拙速な行動を防ぐようなセーフガードを取り入れる必要がある。また説明責任、知識、規律、自信といった、自分を正しい道筋に導き、そこにとどめるような資質を養う必要がある。

判断力は少しずつ改善するもので、それが積み重なって無視できないレベルになるまでは実感できないだろう。改善を続けるなかで、そもそも起こるべきではなかった問題の後始末に追われる時間が徐々に減っていることに気づく。人生のさまざまな部分が調和しながら融合していくことにも気づく。さらにストレスや不安が減り、喜びを感じることが多くなったと感じるだろう。

優れた判断力は教えられるものではないが、習得することはできる。

謝辞

Acknowledgement

本書は私が他の人たちから学んだことを集めたものだ。彼らがいなければ本書で紹介した知恵も、また本書そのものも存在していなかった。

私のすばらしい子どもたち、ウィリアムとマッケンジーに感謝したい。その好奇心あふれるまなざしから世界を見せてくれただけでなく、本書で紹介したアイデアを現実世界で試してみる、肥沃な土壌となってくれた。

両親のサポート、励まし、そしてどこまでも私を信じてくれることに感謝している。母さん、父さん、愛してるよ。大変な時期もあったけれど（それは別の本に書くことにしよう）、それを耐え抜けたのは二人のおかげだ。高校時代に英語を教わったダンカン先生、高校時代の親友のスコット・コーカリーにも感謝している。スコットの友情（とその家族）によって私の人生の軌道は大きく変わった。

本書の内容については感謝すべき相手があまりに多いので、名前を挙げるのを忘れてしまう人もいると思う。出版後は内容を変えられなくなるので、ブログ（fs.blog）で名前を挙げさせていただく。

幸運にも、これまで多くの方々から学ばせていただいたが、ピーター・D・カウフマンほど多くを教えてくれた人はいない。本書で紹介した多くの教訓や洞察は、長年にわたるピーターとの会話から得たものだ。友情に感謝している。

チャーリー・マンガー、ウォーレン・バフェット、アンドリュー・ウィルキンソン、クリス・スパーリング、ジェームズ・クリアー、ライアン・ホリデー、ニール・イヤール、スティーブ・カンプ、マイケル・コーマイヤー、モーガン・ハウゼル、マイケル・モーブシン、アレックス・ダンカン、カット・コール、ナヴァル・ラヴィカント、ジム・コリンズ、トビ・ルーク、アニー・デューク、ダイアナ・チャップマン、そしてランドール・スタットマンは、私の思考に重要な影響を与えてくれた。彼らの思考はすでに私のなかにしっかり根差しているので、今では私自身の思考と区別できなくなっている。本書を楽しまれた方々には、ぜひ彼らをフォローしていただきたい。

本を書くというのは短距離走ではなくマラソンで、この過程で多くの方に助けていただいた。執筆を始めるきっかけをつくってくれたアリエル・ラトナー、そしてライティング・ドットコーチ社のウィリアム・ジャウォルスキ、エレン・フィッシュバイン、サミュエル・ナイチンゲールに感謝している。私の原稿の編集や改善に多大な時間を割いてくれたので、本書の一部は私だけでなく彼らの作品でもある。リシェル・デヴォアをはじめとするペンネーム社のチームは、私の頭の中にあったいくつかのスレッドを整理し、形にするのを手伝ってくれた。文字数を減らし、不要な部分を削ってくれたジョー・バーコウィッツには私も読者のみなさんも感謝すべきだろう。

いち早く原稿に目を通し、ヒントをはじめとして多くを与えてくれた方々にも感謝したい。トゥルーディ・ボイル、モーリーン・カニンガム、セタラ・ジアイ博士、ロブ・フレイザー、ザック・スミス、ホイットニー・トルヒリオ、エミリー・セガール、サイモン・エスキルドセン。そして私が執筆に取り組んでいるあいだ、FS（ファーナム・ストリート）の運営を担ってくれたメンバーにも心からお礼を言いたい。ビッキー・コセンツォ、リアノン・ボービエン、ダルトン・メイベリー、デブ・マクギー、ローリー・ラシャンス、そしてアレックス・ギョルゲ。

本書の企画を本物の本に変えてくれたポートフォリオとペンギン・ランダムハウスのチームに感謝したい。編集界のマイケル・ジョーダンといえるニキ・パパドポロスの見識と、締め切りにことごとく遅れる私への忍耐力に感謝している。そして出版というプロセスのガイドを務めてくれたエージェントのラフ・サガリンにも。

そして、読者のみなさんに感謝を。みなさんが私に託してくれたのは、この本の対価だけではない。貴重な時間だ。みなさんが本書を読むのに投資した時間が、これから長きにわたって配当をもたらしつづけることを願っている。

感謝を込めて。

訳者あとがき

Afterword

本書『クリア・シンキング』は２０２３年10月に米国で出版され、ニューヨーク・タイムズ紙のベストセラーリスト入りをしたシェーン・パリッシュ著『Clear Thinking: Turning Ordinary Moments into Extraordinary Results』の完訳である。訳していて、これと表裏を成すような作品が思い浮かんだ。

重松清の小説『流星ワゴン』だ。主人公は人並みに幸せな人生を送ってきたはずの一雄、38歳。だが一人息子は受験に失敗して不登校になり、家庭内暴力をふるう。一雄自身、会社をリストラされ、それを言い出せないでいるうちに妻から離婚を切り出される。「死んじゃってもいいかな」と感じた晩、不思議な親子の乗るワゴン車に拾われ、時空を超えて人生の岐路に立ち戻る。街で偶然、見知らぬ男と歩く妻の姿を見かけたのに、声をかけずに商談に向かった日。成績不振を思い悩む息子が発したＳＯＳに的外れな激励の言葉をかけたあの日。

「分かれ道は、たくさんあるんです。でもそのときにはなにも気づかない。みんな、そうですよね。気づかないまま、結果だけが、不意に目の前に突きつけられるんです」

知らず知らずのうちに日々直面する人生の分かれ道で、どうすれば正しい選択を重ねていけるのか。

『クリア・シンキング』には、この『流星ワゴン』の投げかける普遍的な問いへの実践的な答えがあるというと、本書の意義が伝わるだろうか。冒頭にこうある。

「大きな決断に集中しなさい、とよく言われる。何かを選択していることすら気づかないようなささやかな場面より、そちらのほうが重要だ、と。だが往々にして私たちの成功を左右するのは、大きな決断よりもこうしたありふれた瞬間のほうだ」

『〇〇シンキング』『〇〇思考』と名のつく本は多いが、本書の特徴は「思考以前」の問題に照準を合わせているところだ。書店に行けば、私たちに足りないのは合理的思考能力だという前提にもとづく本がずらりと並ぶ。それを読めば良い判断を下すためのステップやツールが身につくとされる。だがどれほど有効なツールを知っていても、使うべきタイミングに気づかなければ意味がない。

人生に重大な影響を及ぼす判断ミスの多くは、判断を迫られていることにすら気づかない場面で起きている。だから良い成果を出すための最初のステップは「今は判断しなければならないときだ」と認識し、クリア（明晰）な思考をするための時間を確保することである、というのが本書の土台となるメッセージだ。

本書は大きく分けて、判断すべきタイミングを認識するスキルを解説する前半（第1〜3部）と、優れた判断を下すための具体的プロセスを説明する後半（第4、5部）から成る。前半のキーワードとなるのが「デフォルト反応」だ。

私たちのなかには人間が進化の過程で身につけた、種を保存するための本能的プログラムがいくつも備わっている。わが身の危機を察知したときに自動的に発動するこうしたプログラムが、現代を生きる私たちにはマイナスに作用する。著者がとりわけ問題視するのが「感情デフォルト」「エゴデフォルト」「社会性デフォルト」「惰性デフォルト」という4つの本能的反応だ。これらが合理的に思考すべき場面で、後から後悔するような条件反射を引き起こす。会議で同僚から批判され、カッとなって言い返し、職業人として信頼を損なってしまうのは感情デフォルトとエゴデフォルトの影響だ。不合理な慣習や不正に対して声をあげることができないのは、社会性デフォルトと惰性デフォルトの相乗効果だ。前半ではそれぞれのデフォルト反応の実例を挙げながら、どうすればそれに抗い、状況に流されずにクリアに思考できるかを考察する。

優れたビジネス書の特徴の一つは、読者の人生をプラス方向に向けるようなトリガーワードを持っていることではないかと私は思う。ここぞという場面でふと思い浮かび、正しい判断ができるように誘導してくれるようなキーワードだ。「デフォルト反応」は私たちが本能に引っ張られそうになったときに正気に引き戻してくれるトリガーになりそうだ。

本書のもう一つの特徴は、著者のユニークな立ち位置だ。自分のキャッチフレーズは「他の誰かがすでに導き出した最高の成果をマスターする」だと著者はいう。つまり自分は独創的な思考法を生み出した専門家ではない、偉大な先人たちの知恵を集め、整理するキュレーター、目利きであると言っているわけだ。なぜそうなったのか。

パリッシュは2001年8月、大学を卒業するとすぐにカナダの情報機関に就職した。ほんの数週間後の9月11日に世界同時多発テロが発生、右も左もわからない新米エージェントは前例のないプロジェクトを次々と任されるようになる。重要な作戦が不本意な結果に終わった翌朝、上司に訴えた。「僕にはこれほどの重責を担う備えがまだできていません」。だが返ってきた答えは「それでもやるしかないんだ」だった。

人命にかかわる状況で、どうすれば正しい判断の確率を高め、不本意な結果になる確率を抑えられるのか。自らの未熟さを克服しようと、パリッシュは意思決定の達人から貪欲に学びはじめた。文献を片っ端から読み漁り、情報機関の幹部会議をじっくり観察し、インテリジェンス業界内外の達人たちにインタビューを申し込んだ。こうした学習の成果を匿名でつづったブログ『ファーナム・ストリート』が、ウォール街やシリコンバレーで熱心な読者を獲得していく。2018年11月11日付ニューヨーク・タイムズ紙電子版は『カナダの元スパイがウォール街の大物に優れた思考法を指南』と題した記事で、パリッシュに心酔する大物ヘッジファンド経営者らを特集した。

現在パリッシュは情報機関を辞め、『ファーナム・ストリート』のほか世界で60万人の読者を擁する週刊ニュースレター『ブレイン・フード』、ポッドキャストの『ザ・ナレッジ・プロジェクト』などを通じて、思考と行動を改善していくための知恵を発信している。

本書にはパリッシュが20年にわたって集めてきた優れた思考、判断、行動につながる知見が詰まっている。「凡人は『勝ち』を追い求めるが、一流の人々は『勝ち』よりもまず『負け』を回避しなければならないことをわかっていた」「基準は習慣となり、習慣は結果となる。傑出した成果を出すのは、たいてい人並み以上に高い基準で生きている人だ」といった実践的でありながら心に深く響く言葉を読んでいると、パリッシュの説くクリア・シンキングとは小手先のツールではなく、生き方そのものではないかと思えてくる。

今、アメリカをはじめ世界のビジネスリーダーのあいだで大注目の目利きの選りすぐった言葉が、読者のお役に立てば訳者として幸いである。最後に本書を翻訳する機会を与えてくださった日経BPの中川ヒロミ氏にこの場を借りて感謝を申し上げる。

2024年1月　土方奈美

https://www.nytimes.com/2016/01/10/opinion/sunday/to-be-happier-start-thinking-more-about-your-death.html.

3. "You've Got to Find What You Love," *Stanford News*.

4. 以下の記事に引用されたジェフ・ベゾスのコメント。Jessica Stillman, "How Amazon's Jeff Bezos Made One of the Toughest Decisions of His Career," *Inc.*, June 13, 2016, https://www.inc.com/jessica-stillman/jeff-bezos-this-is-how-to-avoid-regret.html.

5. Shane Parrish (@ShaneAParrish),「挑戦して失敗する痛みは強烈だが、すぐに癒える。一方、挑戦しなかった痛みはそれほど強くはないが、決して完全に消えることはない」。 Twitter, January 10, 2019, 10:53 p.m., https://twitter.com/ShaneAParrish/status/1083572670677938176.

第26章

1. Aristotle, *Nicomachean Ethics*, book 1, chapter 2.

2. Nicholas J. Kelley and Brandon J. Schmeichel, "Thinking about Death Reduces Delay Discounting," *PLOS One*, December 2, 2015, https://doi.org/10.1371/journal.pone.0144228.

3. この考えは以下で知った。Drew Stegmaier, "Writing Your Own Eulogy," *Medium*, March 26, 2016, https://medium.com/the-mission/writing-your-own-eulogy-dd177ba45374.

4. 私はこれをツイッターに書いてみた。Shane Parrish (@ShaneAParrish),「ある瞬間に重要なことが人生において重要なことはめったにない。だが人生において重要なことはあらゆる瞬間において重要だ」Twitter, December 7, 2019, 7:01 p.m., https://twitter.com/ShaneAParrish/status/1203464699305742336.

おわりに

1. 以下の自分の記事から引用した。Shane Parrish, "Letting the World Do the Work for You," *Farnam Street* (blog), February 3, 2016, https://fs.blog/joseph-tussman/.

why-warren-buffett-and-other-great-investors-dont-diversify/?sh=86081474795f.

2. Jim Collins and Morten T. Hansen, *Great by Choice: Uncertainty, Chaos, and Luck—Why Some Thrive Despite Them All* (New York: Harper Business, 2011)（ジム・コリンズ、モートン・T・ハンセン著『ビジョナリーカンパニー 4（自分の意志で偉大になる)』牧野洋訳、日経BP、2012年）.

3. Collins and Hansen, *Great by Choice*.

第22章

1. "Your Product Is Decisions," *Farnam Street* (blog), November 27, 2013, https://fs.blog/your-product-is-decisions/.

2. Jason La Confora, "Super Bowl 49: Pete Carroll's Decision Astonishing, Explanation Perplexing," CBS Sports, February 1, 2015, https://www.cbssports.com/nfl/news/super-bowl-49-pete-carrolls-decision-astonishing-explanation-perplexing/.

第5部

1. 以下の書籍へのジム・コリンズの序文より。Stephen R. Covey, *The 7 Habits of Highly Effective People: Powerful Lessons in Personal Change*, 30th anniversary ed. (New York: Simon & Schuster, 2020).（スティーブン・R・コヴィ著『完訳7つの習慣 30周年記念版』フランクリン・コヴィー・ジャパン訳、キングベアー出版、2020年）.

第23章

1. Philip Brickman and Donald T. Campbell, "Hedonic Relativism and Planning the Good Society," in *Adaptation-Level Theory: A Symposium*, ed. M. H. Appley (New York: Academic Press, 1971), pp. 287–305.

第24章

1. "Karl Pillemer, Interview No. 2," *Farnam Street* (blog), June 15, 2013, https://fs.blog/2013/06/karl-pillemer-interview-no-2/.

2. Marcus Aurelius, *Meditations* (New York: Modern Library, 2003), 8.47, Kindle（マルクス・アウレーリウス著『自省録』神谷美恵子訳、岩波書店、1992年）.

第25章

1. " 'You've Got to Find What You Love,' Jobs Says," *Stanford News*, June 12, 2005, https://news.stanford.edu/2005/06/12/youve-got-find-love-jobs-says/.

2. この問いは、以下の記事で目にしたアーサー・C・ブルックスの問い（「私は希少で貴重なわが人生を正しく使っているだろうか」）をもじったものだ。Arthur C. Brooks, "To Be Happier, Start Thinking More about Your Death," *New York Times*, January 9, 2016,

「お粗末な」計画によってスクリーニングが増やされたが、それは混雑の増加、人の流れの減少という想定外の影響をもたらし、あらゆる疾病の「拡散」を「確実」なものとした」。Twitter, March 14, 2020, 9:51 p.m., https://twitter.com/wolfejosh/status/1239006370382393345?lang=en.

4. アフガニスタン復興担当特別監察官。*What We Need to Learn: Lessons from Twenty Years of Afghanistan Reconstruction*, August 2021,p.ix, https://www.sigar.mil/pdf/lessonslearned/SIGAR-21-46-LL.pdf.

5. Roger Martin, *The Opposable Mind: Winning through Integrative Thinking* (Boston: Harvard Business Press, 2009)（ロジャー・マーティン著『インテグレーティブ・シンキング：優れた意思決定の秘密』村井章子訳、日本経済新聞出版、2009年）.

6. 2003年のバークシャー・ハサウェイ年次株主総会でのチャーリー・マンガーの発言。以下の書籍より引用。Tren Griffin, *Charlie Munger: The Complete Investor* (New York: Columbia Business School Publishing, 2015).

7. Andrew Carnegie, *The Autobiography of Andrew Carnegie* (New York: Public Affairs, 2011)（アンドリュー・カーネギー著『カーネギー自伝』坂西志保訳、中央公論新社、2021年）.

第19章

1. “Remembering Roger Boisjoly: He Tried to Stop Shuttle Challenger Launch,” NPR, *All Things Considered*, February 6, 2012, https://www.npr.org/sections/thetwo-way/2012/02/06/146490064/remembering-roger-boisjoly-he-tried-to-stop-shuttle-challenger-launch.

2. Tim Urban, “The Cook and the Chef: Musk’s Secret Sauce,” *Wait But Why* (blog), November 6, 2015, https://waitbutwhy.com/2015/11/the-cook-and-the-chef-musks-secret-sauce.html.

3. George C. Marshall: Interviews and Reminiscences for Forrest C. Pogue, tape 12m and tape 19m, November 21, 1956, George C. Marshall Foundation Research Library, Lexington, Virginia.

第20章

1. Michael Lewis, *The Undoing Project: A Friendship That Changed Our Minds* (New York: W. W. Norton, 2016)（マイケル・ルイス著『後悔の経済学：世界を変えた苦い友情』渡会圭子訳、文藝春秋、2022年）.

2. Shane Parrish “Winning at the Great Game with Adam Robinson (Part 2),” in *The Knowledge Project*, podcast, episode 48, https://fs.blog/knowledge-project-podcast/adam-robinson-pt2/.

第21章

1. Karl Kaufman, “Here’s Why Warren Buffett and Other Investors Don’t Diversify,” *Forbes*, July 24, 2018, https://www.forbes.com/sites/karlkaufman/2018/07/24/heres-

7. Seneca, *Moral Letters to Lucilius*, letter 11.

第14章

1. Richard Feynman, *The Pleasure of Finding Things Out: The Best Short Works of Richard P. Feynman*, ed. Jeffrey Robbins (New York: Basic Books, 1999), p. 212（R. P. ファインマン著『聞かせてよ、ファインマンさん』大貫昌子、江沢洋訳、岩波書店、2009年）.
2. Michael Abrashoff, *It's Your Ship: Management Techniques from the Best Damn Ship in the Navy* (New York: Grand Central, 2002)（マイケル・アブラショフ著『アメリカ海軍に学ぶ「最強のチーム」のつくり方』吉越浩一郎訳、三笠書房、2015年）.
3. Abrashoff, *It's Your Ship*.

第15章

1. Giora Keinan, Nehemia Friedland, and Yossef Ben-Porath, "Decision Making under Stress: Scanning of Alternatives under Physical Threat," *Acta Psychologica* 64, no. 3 (March 1987): 219–28.
2. Shane Parrish, "Daniel Kahneman: Putting Your Intuition On Ice," *The Knowledge Project*, podcast, episode 68, https://fs.blog/knowledge-project-podcast/daniel-kahneman/.

第17章

1. Thomas Wedell-Wedellsborg, "Are You Solving the Right Problems?," *Harvard Business Review*, January–February 2017, https://hbr.org/2017/01/are-you-solving-the-right-problems.
2. このアイデアの枠組みはポール・グレアム（@paulg）から学んだ。"Something I told 12 yo and 8 yo on the way home from school: You can put your energy into being good at stuff or seeming cool, but not both. Any energy that goes into seeming cool comes out of being good," Twitter, March 12, 2021, 12:36 p.m., https://twitter.com/paulg/status/1370428561409073153.

第18章

1. Jim Collins, *Good to Great: Why Some Companies Make the Leap... and Others Don't* (New York: HarperBusiness, 2001)（ジェームズ・C・コリンズ『ビジョナリー・カンパニー 2 飛躍の法則』山岡洋一訳、日経BP、2001年）.
2. Seneca, Moral Letters to Lucilius, letter 11.
3. ジョシュ・ウォルフェ（@wolfejosh）より。「失敗は失敗を想像することに失敗することで起きる。「不透明な情勢」#covid19（予想することに完全に失敗した）のなか、

They Will Pay,' " CNBC, June 21, 2017, https://www.cnbc.com/2017/06/21/jeff-bezos-lessons-from-washington-post-for-news-industry.html.

2. 今日これを読み、編集しながら、レテア・パーソンズの身に起きた恐ろしい悲劇と、彼女がフェイスブックに投稿した言葉を思い出した（レテアは私と同じ高校の出身だった）。「最終的に私たちが覚えているのは敵意ある人々の言葉ではなく、友人の沈黙である」。Tu Thanh Ha and Jane Taber, "Bullying Blamed in Death of Nova Scotia Teen," *Globe and Mail*, April 9, 2013, https://www.theglobeandmail.com/news/national/bullying-blamed-in-death-of-nova-scotia-teen/article10940600.

第10章

1. Shane Parrish (@ShaneAParrish),「困難なことをするのに正しいタイミングを待っているというケースの99.99%は、やらなければいけないとわかっている困難なことをやらない言い訳である。完璧なタイミングなど来ない。今しかない。待つのはやめよう」。Twitter, July 29, 2019, 10:01 p.m., https://twitter.com/ShaneAParrish/status/1156021875853578246.

2. "The Wrong Side of Right," *Farnam Street* (blog), August 28, 2017, https://fs.blog/wrong-side-right/.

第12章

1. Adam Wells, "Darrelle Revis Sent Home by Bill Belichick for Tardiness," Bleacher Report, October 22, 2014, https://bleacherreport.com/articles/2241281-darrelle-revis-sent-home-by-bill-belichick-for-tardiness.

2. "Haier: A Sledgehammer Start to Catfish Management," IndustryWeek, October 13, 2013, https://www.industryweek.com/leadership/companies-executives/article/21961518/haier-a-sledgehammer-start-to-catfish-management.

第13章

1. Seneca, *Moral Letters to Lucilius*, letter 11.

2. Shane Parrish, "Jim Collins: Relationships versus Transactions," *The Knowledge Project*, podcast, episode 110, https://fs.blog/knowledge-project-podcast/jim-collins-2/.

3. Cato the Elder, *On Agriculture*, 1.

4. Shane Parrish, "The Work Required to Have an Opinion," *Farnam Street* (blog), April 29, 2013, https://fs.blog/the-work-required-to-have-an-opinion/.

5. ウィリアム・ジャウォルスキによる以下の作品の個人的な翻訳より。Michel de Montaigne, *The Essays of Michel de Montaigne*, book 3, chapter 12.

6. Denzel Washington, *A Hand to Guide Me* (Des Moines, IA: Meredith Books, 2006), p. 20（デンゼル・ワシントン著『僕が大切にしている人生の知恵を君に伝えよう』小西敦子訳、青志社、2007年）.

第3章

1. 労せずして得た知識を使い、拙速に判断するという考えは、友人のモーガン・ハウゼルの以下の記事から学んだ。“History’s Seductive Beliefs,” *Collab* (blog), Collaborative Fund, September 21, 2021, https://www.collabfund.com/blog/historys-seductive-beliefs/.

2. キャスリン・シュルツに感謝する。その著書には大きな影響を受けた。Kathryn Schulz, *Being Wrong: Adventures in the Margin of Error* (New York: Ecco, 2010)（キャサリン・シュルツ著『まちがっている：エラーの心理学、誤りのパラドックス』松浦俊輔訳、青土社、2012年）.

第4章

1. Robert P. George (@McCormickProf), Twitter, July 1, 2020, 11:23 p.m., https://twitter.com/mccormickprof/status/1278529694355292161.

2. この例は以下より引用した。Paul Graham, “The Four Quadrants of Conformism,” July 2020, http://www.paulgraham.com/conformism.html

3. ダニエル・カーネマンの表現を言い換えている。Daniel Kahneman, *Thinking, Fast and Slow* (New York: Farrar, Straus and Giroux, 2011), p. 292.

4. ウォーレン・バフェットによる1985年2月25日付、バークシャー・ハサウェイ株主への手紙。https://www.berkshirehathaway.com/letters/1984.html.

第5章

1. Shane Parrish and Rhiannon Beaubien, *The Great Mental Models, vol. 2, Physics, Chemistry and Biology* (Ottawa: Latticework Publishing, 2019).

2. Leonard Mlodinow, *Elastic: Flexible Thinking in a Time of Change* (New York: Pantheon, 2018), p. 156（レナード・ムロディナウ著『柔軟的思考：困難を乗り越える独創的な脳』水谷淳訳、河出書房新社、2019年）.

3. この誤った引用の出所はおそらく、ルイジアナ州立大学バトンルージュ校の経営・マーケティング教授、レオン・C・メギンソオンだろう。ダーウィン自身がこの発言をしたことはないが、誤った引用は今や文字どおり石に刻まれている（カリフォルニア・アカデミー・オブ・サイエンスの床を飾っている。ただアカデミーはすでにダーウィンの名前は削除したようだ）。以下を参照。“The Evolution of a Misquotation,” Darwin Correspondence Project, University of Cambridge, https://www.darwinproject.ac.uk/people/about-darwin/six-things-darwin-never-said/evolution-misquotation.

4. Parrish and Beaubien, *The Great Mental Models*, vol. 2, pp. 76–77.

第7章

1. Matt Rosoff, “Jeff Bezos Has Advice for the News Business: ‘Ask People to Pay.

原注

第1章

1. 以下の資料などを参照。Aristotle, *Nicomachean Ethics*, second edition, translated by Terence Irwin (Indianapolis, IN: Hackett Publishing Company, 1999), pp. 18–19（アリストテレス『ニコマコス倫理学』上下、渡辺邦夫、立花幸司訳、光文社、2015年）; Seneca's *Ad Lucilium Epistulae Morales [Moral Letters to Lucilius]*, edited by Richard M. Gummere (New York: G. P. Putnam's Sons, 1917), Perseus Digital Library, text from Epistle 11 translated by William Jaworski: http://www.perseus.tufts.edu/hopper/text?doc=Sen.+Ep.+11&fromdoc=Perseus%3Atext%3A2007.01.0080.（セネカ『道徳書簡集：倫理の手紙集』茂手木元蔵訳、東海大学出版会、1992年）; Daniel Kahneman, *Thinking, Fast and Slow* (New York: Farrar, Straus and Giroux, 2011)（ダニエル・カーネマン著『ファスト&スロー：あなたの意思はどのように決まるか?』村井章子訳、早川書房、2014年）; Jonathan Haidt, *The Happiness Hypothesis: Finding Modern Truth in Ancient Wisdom* (New York: Basic Books, 2006)（ジョナサン・ハイト著『しあわせ仮説：古代の知恵と現代科学の知恵』藤澤隆史、藤澤玲子訳、新曜社、2011年）.
2. 私たちには本能的に自分の縄張りを守ろうとする傾向があるという考えは、ロバート・アードレイの著書（*The Territorial Imperative: A Personal Inquiry into the Animal Origins of Property and Nations*）や、さまざまな人との対話から生まれた。動物は本能的に自らの縄張りをマーキングし、守ろうとするが、人間の場合、この生物的本能はもっと深く、わかりにくい形で表出すると私は考えている。私たちは物理的縄張りだけでなく、セルフイメージを他人に侵食されたとき本能的に反応する。自らのアイデンティティを仕事と一体化させているので、職場で誰かに批判されると動物が縄張りに踏み込まれたときのような反応をする。この事実を利用して、相手の関心を獲物からそらせようとする腹黒い人間もいる。職場であなたやあなたの仕事ぶりを批判することで、あなたが思考せずただ反応するように仕向けようとするのだ。
3. 「工場出荷時の初期設定」という表現を最初に耳にしたのは、デヴィッド・フォスター・ウォレスのスピーチ（"This Is Water"）だ。このスピーチはのちに書籍化されている。David Foster Wallace, *This Is Water: Some Thoughts, Delivered on a Significant Occasion, about Living a Compassionate Life* (New York: Little, Brown and Company, 2009)（デヴィッド・フォスター・ウォレス著『これは水です：思いやりのある生きかたについて大切な機会に少し考えてみたこと』阿部重夫訳、田畑書店、2018年）.

第2章

1. Associated Press, "American Anti Claims Silver," ESPN, August 22, 2004, https://www.espn.com/olympics/summer04/shooting/news/story?id=1864883.

著者

シェーン・パリッシュ

Shane Parrish

起業家。普遍的英知を行動に転換することを目指す人気ウェブサイト『Farnam Street（ファーナム・ストリート）』（https://fs.blog/）の主宰者。その知見はフォーチュン500企業のほか、NFL、NBA、MLB、NHLのスポーツチームでパフォーマンス向上に活用されている。ニューヨーク・タイムズ、ウォール・ストリート・ジャーナル、フォーブスなど主要メディアへの寄稿多数。毎週発行のニュースレター『Brain Food』は世界で60万人以上の購読者を獲得、ポッドキャスト『The Knowledge Project』は世界トップクラスの人気を誇る。オンライン講座『Decision by Design』では数千人の企業幹部、リーダー、マネージャーに業績向上につながる反復可能な行動を教えている。

訳者

土方奈美

ひじかた・なみ

翻訳家。日本経済新聞記者を経て独立。ジム・コリンズ他『ビジョナリー・カンパニーZERO』、リード・ヘイスティングス他『NO RULES』、ウォルター・アイザックソン『レオナルド・ダ・ヴィンチ』など訳書多数。

CLEAR THINKING

クリア・シンキング

大事なところで間違えない「決める」ための戦略的思考法

2024年2月19日　第1版第1刷発行

著者	シェーン・パリッシュ
訳者	土方 奈美
発行者	中川 ヒロミ
発行	株式会社日経BP
発売	株式会社日経BPマーケティング 〒105-8308　東京都港区虎ノ門4-3-12 URL: https://bookplus.nikkei.com
編集	中川 ヒロミ
装幀	小口翔平＋畑中茜（tobufune）
制作	髙井 愛
印刷・製本	中央精版印刷株式会社

ISBN 978-4-296-00168-2
Printed in Japan